Schweizer Zahlenbuch 5
Lösungen zum Arbeitsheft

von
Walter Affolter, Heinz Amstad,
Monika Doebeli und Gregor Wieland

Klett und Balmer Verlag Zug

Inhaltsverzeichnis

Lernstandserhebung und Wiederholung		
	Vom Sinn des Übens	4–5
	Natürliche Zahlen	6–7
	Natürliche Zahlen ➔	8
	Mit natürlichen Zahlen im Kopf rechnen	9–11
	Ornamente	12–13
	Repetition der 4 Grundoperationen	14–15
	Repetition der 4 Grundoperationen ➔	16
	Sachrechnen im Kopf	17–19
	Addition und Subtraktion	20–21
	Multiplikation und Division	22–23
	Multiplikation und Division ➔	24
	Figuren und Flächen	25
	Figuren und Flächen ➔	26

Grössen und Komma		
	Tabellen und Grafiken	27–29
	Grössen bei Bienen	30–31
	Grössen bei Flugzeugen	32–33
	Anschlüsse	34–36
	Aufrunden und abrunden	37–38
	Durchschnitte	39–40
	Mittelwerte im Alltag ➔	41
	Grössen und Komma	42–43
	Rechnen mit Komma	44–45
	Knoten ➔	46

Brüche (Einführung)		
	Anteile als Brüche – Brüche als Anteile	47–48
	Gleicher Bruchteil – andere Form	49–50
	Modelle für Brüche 1	51–53

Sachrechnen und Geometrie		
	Vergrössern und verkleinern (Proportionalität)	54–55
	Preistabellen – Preisberechnungen (Proportionalität)	56
	Bäume wachsen (Runden)	57–59
	Mit dem Schiff zum Meer	60–61
	Zirkel und Geodreieck	62

Brüche (Vertiefung)	Bruchteile von Grössen	63–64
	Modelle für Brüche 2	65–66
	Dezimalbrüche und Zahlenstrahl	67–68
	Dezimalbrüche und Stellentafel	69–70
Weiterführende Übungen zur Arithmetik und Geometrie	Versteckte Zahlen ➔	71
	Klammern und Rechenbäume	72–74
	Quaderansichten	75–76
	Würfelspiele (Wahrscheinlichkeit) ➔	77
	Folgen ➔	78
Weiterführende Übungen zum Sachrechnen	Gefässe füllen (Proportionalität)	79
	Gefässe füllen (Proportionalität) ➔	80
	Kriminalpolizei (Kombinatorik) ➔	81
	Spitze!	82–83
	Wie alt werden Bäume?	84–85
Grundwissen am Ende des 5. Schuljahres	Übersicht	86
	Grundfertigkeiten Grundoperationen	87–89
	Grundfertigkeiten Sachrechnen	90–91
	Grundfertigkeiten Geometrie	92
	Grundvorstellungen Brüche	93
	Grundwissen Grössen	94–95

Der 🦔 zeigt «Schnüffelaufgaben».
Die ➔ zeigt an, dass die Aufgaben erhöhte Ansprüche stellen.

Vom Sinn des Übens

Übung macht den Meister
So lautet ein Sprichwort. Was das bedeutet, hast du sicher schon erfahren. Zum Beispiel im Sport, in der Musik oder beim Velofahren. Zuerst geht es nur mühsam. Dann immer leichter, schliesslich wie von selbst oder automatisch. Ähnlich ist es im Rechnen: Addieren und subtrahieren, multiplizieren und dividieren geht mit der Zeit immer leichter, fast automatisch. Man bekommt eine Fertigkeit im Rechnen. Das hilft beim Lösen von anspruchsvollen Aufgaben.

Was bietet das Arbeitsheft?
Ihr habt ein Thema im Unterricht behandelt und einige Aufgaben bearbeitet. Jetzt muss man üben. Da im Arbeitsheft keine neuen Themen vorkommen, brauchst du vermutlich wenig oder keine Hilfe. Du kannst die Aufgaben lösen und direkt ins Arbeitsheft schreiben, auch alle Nebenrechnungen. Es hat meistens genügend Platz. Sonst klebst du ein zusätzliches Blatt ein. Wer gerne tüftelt und forscht, findet auf den Schwalbenseiten weiterführende Aufgaben.

Zeige, was du kannst!
Wenn du sicher bist, dass du die Aufgaben verstanden hast, kannst du dich selber testen. Dein Lehrer oder deine Lehrerin hat Testserien (Kopiervorlagen) mit dem Titel «Teste dich selbst.». Verlange diese Testserien.
Ab Seite 87 findest du Übungen zu Grundwissen und Grundfertigkeiten. Damit kannst du dich auf die Testserien und auf Prüfungen vorbereiten.

Wie lernst du?
Wie packst du mathematische Aufgaben an? Wie arbeitest du mit anderen zusammen? Wie gehst du mit Fehlern um? Manchmal muss man über solche Fragen und über das eigene Lernen nachdenken. Die Lernberichte (Kopiervorlagen) helfen dir dabei.

Fit im Kopfrechnen
Fit ist, wer die Lösung einer einfachen Aufgabe rasch im Kopf ausrechnen kann. In den früheren Zahlenbüchern bist du solchen Übungen im Blitzrechnen begegnet. Wenn du die Blitzrechenübungen aus dem Schweizer Zahlenbuch 4 wiederholen willst, gibt dir deine Lehrerin oder dein Lehrer gerne die nötigen

Arbeitsblätter. Du kannst dazu selbstständig weitere Übungen erfinden und sie mit deinen Kolleginnen und Kollegen austauschen. So könnt ihr euch gegenseitig kontrollieren und miteinander üben. Das Gleiche gilt auch für das Blitzrechnen im Schweizer Zahlenbuch 5, nur heissen jetzt die Übungen «Rechentraining».

Achte auf die Darstellung: Schreibe Zahlen stellengerecht untereinander, Lösungen getrennt von den Aufgaben, eventuell in einer anderen Farbe.

Allein üben
- Lösungen mit einem Blatt zudecken
- Aufgaben im Kopf rechnen und laut sprechen oder still denken
- zur Kontrolle mit der Lösung vergleichen

Zu zweit üben
- sich gegenseitig abfragen
- Antworten und Lösungen vergleichen
- Rollen tauschen

Wenn du bestimmte Aufgaben richtig gut trainieren willst, kannst du dir Kärtchen schreiben. Auf die Vorderseite kommt die Aufgabe, auf die Rückseite die Lösung.

Im Verlaufe der Zeit kommen einige Zettel und viele Kärtchen zusammen. Darauf sind auch Aufgaben, die nicht im Arbeitsheft stehen, die aber für dich wichtig sind. Damit kannst du eine Übungskartei anlegen.

Üben ist anstrengend, aber es hilft. Mit der Zeit fühlt man sich sicher und stark wie eine Meisterin oder ein Meister. Das ist der Sinn des Übens.

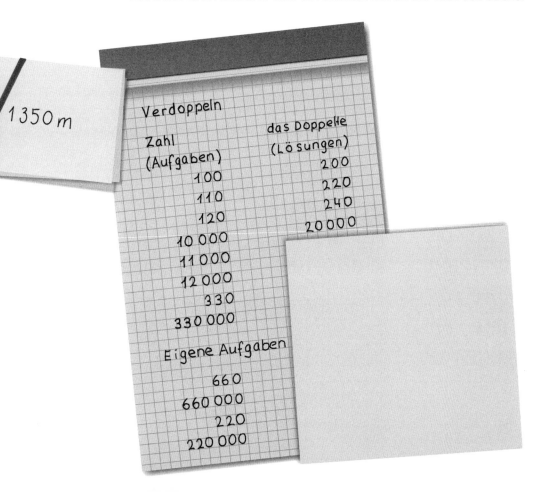

Natürliche Zahlen

1–4 Zahlen darstellen und verändern: Bei jeder Aufgabe sind die drei Fragen A, B und C zu beantworten.
A Welche Zahlen sind dargestellt? Schreibe sie mit Ziffern und lies sie.
B Du legst ein Plättchen zur dargestellten Zahl dazu. Welche Zahlen können es jetzt sein?
C Du nimmst ein Plättchen von der dargestellten Zahl weg. Welche Zahlen können es jetzt sein?

1

M	HT	ZT	T	H	Z	E
••	•••	••••	•••••	•••••	•••••	•••••

A Die dargestellte Zahl ist: **2 345 678**

B Ein Plättchen dazu

3 345 678
2 445 678
2 355 678
2 346 678
2 345 778
2 345 688
2 345 679

C Ein Plättchen weg

1 345 678
2 245 678
2 335 678
2 344 678
2 345 578
2 345 668
2 345 677

2

M	HT	ZT	T	H	Z	E
	•••••	•••••	••••	•••	••	•

A Die dargestellte Zahl ist: **765 431**

B Ein Plättchen dazu

865 431
775 431
766 431
765 531
765 441
765 432

C Ein Plättchen weg

665 431
755 431
764 431
765 331
765 421
765 430

3

M	HT	ZT	T	H	Z	E
•		•		•		•

A Die dargestellte Zahl ist: **1 010 101**

B Ein Plättchen dazu

2 010 101
1 110 101
1 020 101
1 011 101
1 010 201
1 010 111
1 010 102

C Ein Plättchen weg

10 101
1 000 101
1 010 001
1 010 100

4

M	HT	ZT	T	H	Z	E
	•••			••		

A Die dargestellte Zahl ist: **300 200**

B Ein Plättchen dazu

400 200
310 200
301 200
300 300
300 210
300 201

C Ein Plättchen weg

200 200
300 100

1–4 Zahlen lesen und schreiben, Stellenwerte erkennen
▶ Schulbuch, Seite 6–7

5 Ordne jeweils der Reihe nach! Beginne mit der kleinsten Zahl.

A 510 642, 150 264, 501 624, 15 462, 105 246, 51 462

15 462 , 51 462 , 105 246 , 150 264 , 501 624 , 510 642

B 531 046, 351 406, 315 406, 513 046, 153 640, 135 640

135 640 , 153 640 , 315 406 , 351 406 , 513 046 , 531 046

C 350 246, 530 426, 35 642, 503 426, 53 642, 305 246

35 642 , 53 642 , 305 246 , 350 246 , 503 426 , 530 426

6 Schreibe zu jeder Zahl die nachfolgende Zehner-, Hunderter-, Tausender-, Zehntausender- und Hunderttausenderzahl.

	135 246	246 573	524 376	526 734	264 753	462 357	642 537
Z	135 250	246 580	524 380	526 740	264 760	462 360	642 540
H	135 300	246 600	524 400	526 800	264 800	462 400	642 600
T	136 000	247 000	525 000	527 000	265 000	463 000	643 000
ZT	140 000	250 000	530 000	530 000	270 000	470 000	650 000
HT	200 000	300 000	600 000	600 000	300 000	500 000	700 000

7 Ergänze auf

A 1000
945 + **55**
830 + **170**
380 + **620**
207 + **793**
702 + **298**

B 10 000
9570 + **430**
7590 + **2410**
5700 + **4300**
9500 + **500**
7500 + **2500**

C 100 000
98 400 + **1 600**
49 000 + **51 000**
84 900 + **15 100**
49 800 + **50 200**
90 480 + **9 520**

D 1 000 000
950 000 + **50 000**
905 000 + **95 000**
900 500 + **99 500**
500 900 + **499 100**
500 090 + **499 910**

E Erfinde weitere solche Ergänzungsaufgaben und gib sie andern zur Kontrolle oder zum Lösen.

8 A 300 000 − 2 = **299 998**
300 000 − 20 = **299 980**
300 000 − 200 = **299 800**
300 000 − 2 000 = **298 000**
300 000 − 20 000 = **280 000**

B 500 000 − 80 000 = **420 000**
500 000 − 8 000 = **492 000**
500 000 − 800 = **499 200**
500 000 − 80 = **499 920**
500 000 − 8 = **499 992**

C 100 000 − 2 = **99 998**
300 000 − 40 = **299 960**
700 000 − 800 = **699 200**
500 000 − 6 000 = **494 000**
400 000 − 50 000 = **350 000**

D Erfinde weitere solche Stufenrechnungen und gib sie andern zur Kontrolle oder zum Lösen.

5–6 Grosse Zahlen ordnen, Stellenwerte erkennen
7–8 Bis zu Stellenzahlen ergänzen, von Stufenzahlen subtrahieren
▸ Schulbuch, Seite 6–7

Natürliche Zahlen

1

M	HT	ZT	T	H	Z	E
	••••• ••••	••••• •••	••••• ••	••••• •	•••••	••••

A Welche Zahl ist dargestellt? Schreibe sie mit Ziffern:

987 654

B Welche Zahlen kannst du erhalten, wenn du 2 Plättchen dazulegst? Notiere die erhaltenen Zahlen auf einem separaten Blatt. Finde alle Möglichkeiten.

C Ordne die gefundenen Zahlen der Grösse nach.

D Wähle unter den geordneten Zahlen von Aufgabe 1C jeweils zwei aus. Berechne ihre Differenz. Addiere jeweils beim Ergebnis die Ziffern. Was stellst du fest?

Lösungen 1B–D im Begleitband

2

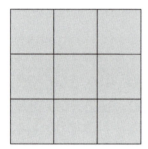

Dies ist ein 3-mal-3-Quadrat.

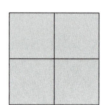

Dies ist ein 2-mal-2-Quadrat. Man sieht insgesamt 5 Quadrate: ein grosses und vier kleine.

A Wie viele Quadrate sind im 3-mal-3-Quadrat insgesamt zu sehen?

1 + 4 + 9 = 14, 1 grosses Quadrat, 4 2-mal-2-Quadrate, 9 kleine Quadrat

B Nimm ein Blatt Papier und zeichne weitere solche Quadrate.

1 + 4 + 9 + 16 = 30

1 + 4 + 9 + 16 + 25 = 55

C Erstelle eine Tabelle und bestimme die Anzahl Quadrate.

Quadrattyp	1 mal 1	2 mal 2	3 mal 3	4 mal 4	5 mal 5	...
Anzahl Quadrate insgesamt	1	5	14	30	55	91

D Was stellst du fest? **Summe von Quadratzahlen**

E Wie viele Quadrate sieht man im 20-mal-20-Quadrat?

1 + 4 + 9 + ... + 400 = 2870

---

1 Zahlen systematisch verändern
2 Geschickt zählen, Muster erkennen
▶ Schulbuch, Seite 6–7

Mit natürlichen Zahlen im Kopf rechnen

1 **A** Immer plus 100

8 950   9 050   9 150   9 250   9 350   9 450   9 550   9 650   9 750   9 850   9 950

B Immer plus 1 000

197 450   198 450   199 450   200 450   201 450   202 450   203 450   204 450   205 450   206 450   207 450

C Immer minus 10 000

318 305   328 305   338 305   348 305   358 305   368 305   378 305   388 305   398 305   408 305   418 305

D Immer minus 250

798 250   798 500   798 750   799 000   799 250   799 500   799 750   800 000   800 250   800 500   800 750

2 Rechne geschickt.

A
88 000 + 70 + 12 000 = 100 070
34 000 − 5 000 + 76 000 = 105 000
12 500 + 7 500 − 7 500 = 12 500
78 000 − 39 000 + 22 000 = 61 000
303 001 − 201 000 − 2 000 = 100 001
850 000 + 49 300 + 701 = 900 001

B
12 999 + 1 999 + 3 999 = 18 997
34 001 + 2 001 − 14 001 = 22 001
180 999 + 120 001 − 40 999 = 260 001
501 000 − 10 998 − 2 = 490 000
10 111 + 20 222 + 30 333 = 60 666
15 250 − 2 750 − 7 250 = 5 250

3 Rechne und setze fort.

A
123 456 − 1 = 123 455
123 456 − 10 = 123 446
123 456 − 100 = 123 356
123 456 − 1 000 = 122 456
123 456 − 10 000 = 113 456
123 456 − 100 000 = 23 456

B
187 654 + 2 = 187 656
187 654 + 20 = 187 674
187 654 + 200 = 187 854
187 654 + 2 000 = 189 654
187 654 + 20 000 = 207 654
187 654 + 200 000 = 387 654

C
102 030 + 1 070 = 103 100
102 030 + 1 080 = 103 110
102 030 + 1 090 = 103 120
102 030 + 1 100 = 103 130
102 030 + 1 110 = 103 140
102 030 + 1 120 = 103 150

D
908 070 − 80 = 907 990
908 060 − 100 = 907 960
908 050 − 120 = 907 930
908 040 − 140 = 907 900
908 030 − 160 = 907 870
908 020 − 180 = 907 840

4 Hüpf im Päckchen

A 3 800 − 900 = 2 900 ①
   1 500 + 5 800 = 7 300 ③
   3 900 + 1 100 = 5 000 ⑤
   5 000 − 1 700 = 3 300 ✓ ⑥
   7 300 − 3 400 = 3 900 ④
   2 900 − 1 400 = 1 500 ②
   Ziel 3 300

B 48 700 − 13 000 = 35 700 ①
   49 700 + 15 000 = 64 700 ④
   64 700 − 28 000 = 36 700 ⑤
   36 700 − 19 000 = 17 700 ✓ ⑥
   56 700 − 7 000 = 49 700 ③
   35 700 + 21 000 = 56 700 ②
   Ziel 17 700

C 88 316 + 5 000 = 93 316 ①
   92 816 − 50 = 92 766 ③
   42 771 − 5 555 = 37 216 ✓ ⑥
   93 316 − 500 = 92 816 ②
   92 766 + 5 = 92 771 ④
   92 771 − 50 000 = 42 771 ⑤
   Ziel 37 216

D 30 728 − 40 = 30 688 ①
   67 088 + 4 = 67 092 ⑤
   70 688 − 4 000 = 66 688 ③
   67 092 + 4 444 = 71 536 ✓ ⑥
   30 688 + 40 000 = 70 688 ②
   66 688 + 400 = 67 088 ④
   Ziel 71 536

E Erfinde weitere «Hüpf im Päckchen»-Aufgaben und gib sie andern zur Kontrolle oder zum Lösen.

5 A Start → +30 → −3 → +80 → −7 → Ziel
   44 → 74 → 71 → 151 → 144
   355 → 385 → 382 → 462 → 455
   4 821 → 4 851 → 4 848 → 4 928 → 4 921

B Start → +30 000 → −3 000 → +80 000 → −7 000 → Ziel
   33 000 → 63 000 → 60 000 → 140 000 → 133 000
   288 000 → 318 000 → 315 000 → 395 000 → 388 000
   797 000 → 827 000 → 824 000 → 904 000 → 897 000

C Start → −7 000 → +800 → −4 000 → +200 → Ziel
   17 200 → 10 200 → 11 000 → 7 000 → 7 200
   78 900 → 71 900 → 72 700 → 68 700 → 68 900
   134 000 → 127 000 → 127 800 → 123 800 → 124 000

D Start → −8 000 → −700 → +9 000 → −400 → Ziel
   14 500 → 6 500 → 5 800 → 14 800 → 14 400
   29 100 → 21 100 → 20 400 → 29 400 → 29 000
   198 000 → 190 000 → 189 300 → 198 300 → 197 900

E Erfinde weitere «Start–Ziel»-Aufgaben und gib sie andern zur Kontrolle oder zum Lösen.

4–5 Natürliche Zahlen addieren und subtrahieren
▸ Schulbuch, Seite 8

6

A
- 80 · 7 = **560**
- 8 · 700 = **5 600**
- 80 · 70 = **5 600**
- 800 · 700 = **560 000**
- 8 000 · 7 = **56 000**
- 80 · 70 000 = **5 600 000**

B
- 21 : 3 = **7**
- 210 : 3 = **70**
- 2 100 : 300 = **7**
- 21 000 : 300 = **70**
- 210 000 : 30 = **7 000**
- 2 100 : 3 = **700**

C
- 240 : 2 = **120**
- 2 400 : 40 = **60**
- 240 000 : 600 = **400**
- 240 000 : 80 = **3 000**
- 240 000 : 120 = **2 000**
- 24 000 : 240 = **100**

D
- 48 : 6 = **8**
- 4 800 : 6 = **800**
- 480 : 60 = **8**
- 48 000 : 80 = **600**
- 4 800 : 800 = **6**
- 480 000 : 8 = **60 000**

E
- 72 : 8 = **9**
- 720 : 90 = **8**
- 7 200 : 8 = **900**
- 72 000 : 800 = **90**
- 720 000 : 90 = **8 000**
- 72 000 : 9 = **8 000**

F zum Beispiel:
- 32 : 4 = **8**
- 320 : 4 = **80**
- 320 : 8 = **40**
- 320 : 80 = **4**
- 32 000 : 80 = **400**
- 32 000 : 320 = **100**

7

A

Zahl	22 220	**4 440**	222 222	**44 444**	20 202	**400 404**	220 220
die Hälfte	**11 110**	2 220	**111 111**	22 222	**10 101**	200 202	**110 110**

B

Zahl	44 440	**17 760**	444 444	**177 776**	80 808	**1 601 616**	440 440
die Hälfte	**22 220**	8 880	**222 222**	88 888	**40 404**	800 808	**220 220**

8 Hüpf im Päckchen

A
- 25 000 : 5 = **5 000** ①
- 500 · 5 = **2 500** ④
- 2 500 · 20 = **50 000** ⑤
- 5 000 · 50 = **250 000** ②
- 50 000 : 500 = **100** ✓ ⑥
- 250 000 : 500 = **500** ③

Ziel 100

B
- 36 000 : 60 = **600** ①
- 30 · 6 000 = **180 000** ④
- 60 · 30 = **1 800** ✓ ⑥
- 600 · 30 = **18 000** ②
- 180 000 : 3 000 = **60** ⑤
- 18 000 : 600 = **30** ③

Ziel 1800

C
- 560 000 : 800 = **700** ①
- 7 000 − 1 400 = **5 600** ④
- 56 000 : 8 = **7 000** ③
- 700 + 55 300 = **56 000** ②
- 5 600 : 80 = **70** ⑤
- 70 · 8 = **560** ✓ ⑥

Ziel 560

D
- 5 400 : 60 = **90** ①
- 54 000 − 45 000 = **9 000** ③
- 9 + 45 = **54** ✓ ⑥
- 9 000 · 60 = **540 000** ④
- 90 · 600 = **54 000** ②
- 540 000 : 60 000 = **9** ⑤

Ziel 54

6, 8 Natürliche Zahlen aus dem Stelleneinmaleins multiplizieren und dividieren
7 Verdoppeln und halbieren
▶ Schulbuch, Seite 9

Ornamente

1 Solche Muster findest du zum Beispiel in England an Kirchenfenstern. Setze das angefangene Muster fort.

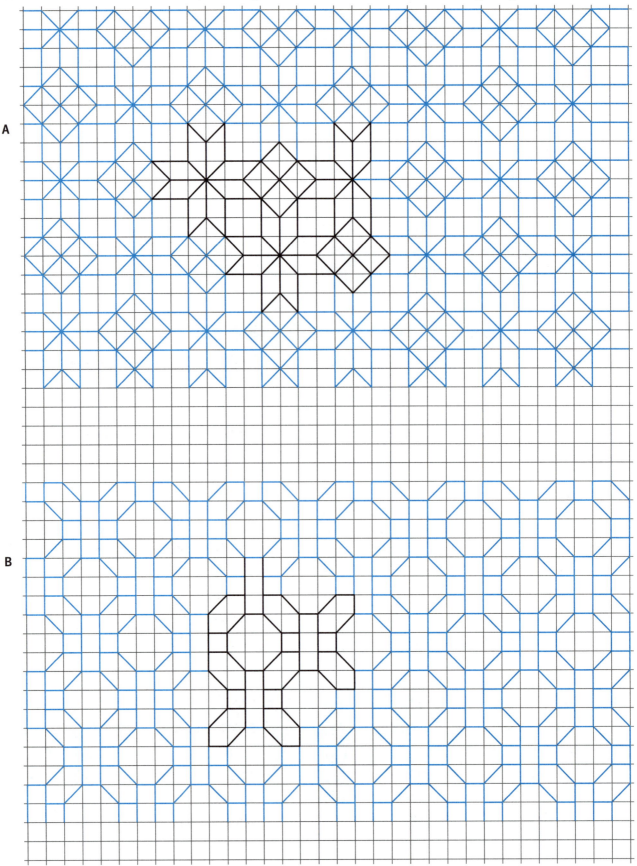

C

D

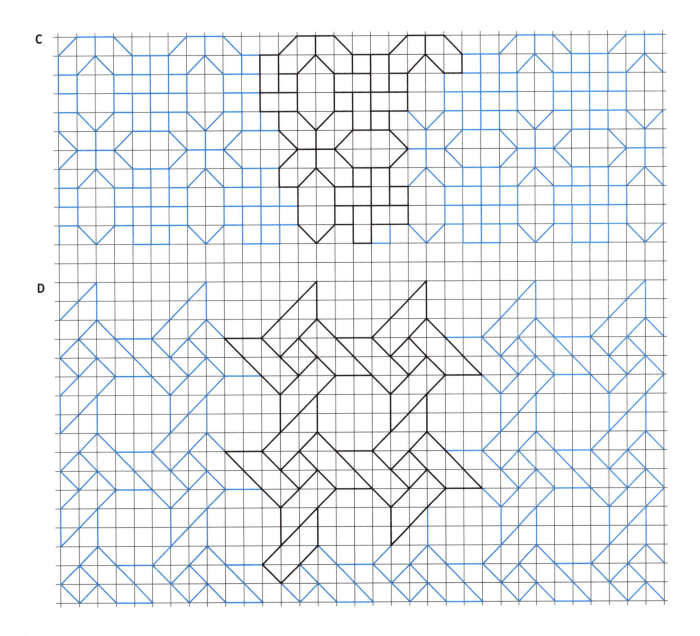

2 Dieses Muster findest du auf dem Mosaikboden eines englischen Klosters.
Setze das angefangene Muster fort.

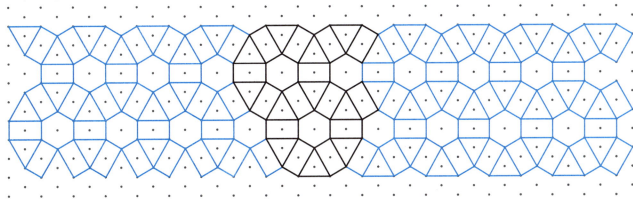

2 Geometrische Muster fortsetzen
▶ Schulbuch, Seite 10–11

Repetition der 4 Grundoperationen

1 Zahlenmauern: Rechne im Kopf, halbschriftlich oder schriftlich.

A
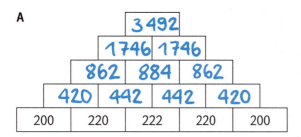

B
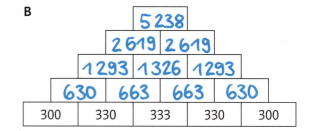

C
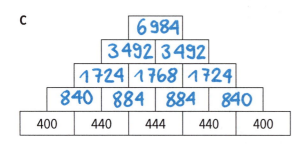

D
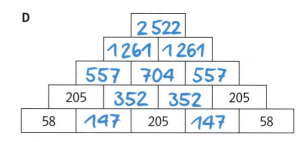

E
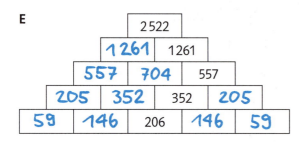

F
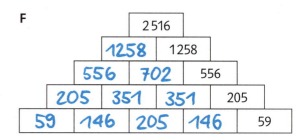

G Erfinde weitere «Zahlenmauer»-Aufgaben und gib sie andern zur Kontrolle oder zum Lösen.

1 Zahlenmauern berechnen
▶ Schulbuch, Seite 12

2 Rechendreiecke: Rechne im Kopf, halbschriftlich oder schriftlich.

A
- 697, 299, 796
- 398, 497
- 895

B
- 2919, 1410, 3018
- 1509, 1608
- 3117

C
- 3223, 2112, 5225
- 1111, 3113
- 4224

D
- 383, 237, 565
- 146, 328
- 474

E
- 585, 338, 767
- 247, 429
- 676

F
- 787, 439, 969
- 348, 530
- 878

3 Malkreuze

A

·	100	20	3
40	4000	800	120
5	500	100	15

45 · 123 = 5535

B

·	200	30	4
50	10000	1500	200
6	1200	180	24

56 · 234 = 13104

C

·	300	40	5
60	18000	2400	300
7	2100	280	35

67 · 345 = 23115

4 Start – Ziel

A

Start	· 500		: 5	Ziel
6	→	3000	→	600
7		3500		700
8		4000		800
9		4500		900
10		5000		1000
11		5500		1100
12		6000		1200

B

Start	· 100		: 5	Ziel
24	→	2400	→	480
35		3500		700
46		4600		920
57		5700		1140
68		6800		1360
79		7900		1580
80		8000		1600

2–4 Die 4 Grundoperationen in bekannten Übungsformaten wiederholen
► Schulbuch, Seite 12

Repetition der 4 Grundoperationen

1 Setze das Muster fort und rechne die nächsten zwei Zahlenmauern aus.

A
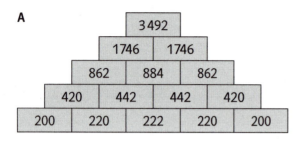

B
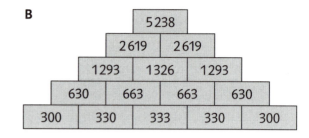

C
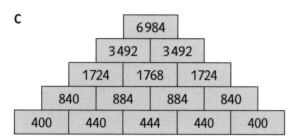

D
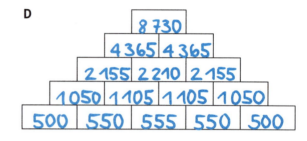

E
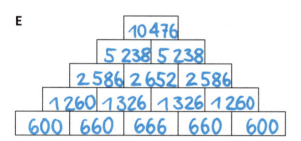

F Vergleiche die Zahlenmauern A bis E. Was fällt dir auf?

Die Decksteine sind Vielfache von 1746.

2 Nimm ein eigenes Blatt. Finde alle Zahlenmauern.

A
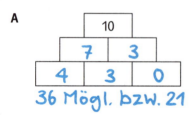
36 Mögl. bzw. 21

B
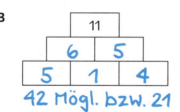
42 Mögl. bzw. 21

C
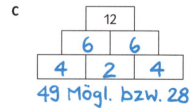
49 Mögl. bzw. 28

3 Nimm ein eigenes Blatt. Finde alle Zahlenmauern. Weitere Lösungen im Begleitband

A

		30		
	15		15	
	7	8	7	
3	4	4	3	

B

		40		
	15		25	
	5	10	15	
0	5	5	10	

C

		50		
	29		21	
	17	12	9	
7	10	2	7	

4 Rechendreiecke

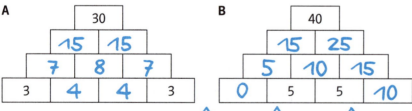

A
A Finde alle Rechendreiecke, bei welchen die Summe der Aussenzahlen 10 ist.
B Finde alle Rechendreiecke, bei welchen die Summe der Aussenzahlen 11 ist.
C Finde alle Rechendreiecke, bei welchen die Summe der Aussenzahlen 12 ist.
D Wie bist du vorgegangen? Was stellst du fest? Schreibe einen kurzen Bericht.

B Geht nicht

C (siehe Bild)

5 Möglichkeiten

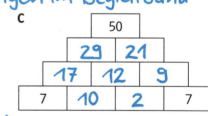

7 Möglichkeiten

Sachrechnen im Kopf

Übe immer wieder. Bei Bedarf kannst du auch eigene Aufgaben zu diesen Themen erfinden und andern zur Kontrolle oder zum Lösen geben.

1 Welche Grösse passt am besten? Manchmal gibt es mehr als eine richtige Antwort.

A Durchmesser eines Suppentellers
- ☒ 20 cm
- ☐ 200 cm
- ☒ 200 mm
- ☐ 2 cm

B Länge eines Fussballfeldes
- ☒ 110 m
- ☐ 11 m
- ☐ 1,1 km
- ☐ 11 km

C Fahrstrecke mit dem Fahrrad in einer halben Stunde
- ☐ 0,5 km
- ☒ 5 km
- ☐ 50 km
- ☒ 5000 m

D Gewicht eines Hühnereis
- ☐ 5 g
- ☐ 50 mg
- ☒ 50 g
- ☐ 500 g

E Fahrstrecke eines Intercity-Zuges in 60 Minuten
- ☐ 12 000 m
- ☐ 12 km
- ☒ 120 km
- ☐ 1200 km

F Füllmenge eines Abwaschbeckens zu Hause
- ☐ 200 cl
- ☒ 20 l
- ☐ 2 l
- ☐ 2 hl

G Fahrdauer eines Autos auf der Autobahn für 100 km
- ☐ 600 s
- ☒ 60 min
- ☐ 600 min
- ☐ 6 h

H Höhe des Matterhorns (Höhe über Meer)
- ☐ 480 m
- ☒ 4800 m
- ☐ 48 000 m
- ☒ 4 km 800 m

I Anzahl Schritte für einen Kilometer
- ☐ 14 Schritte
- ☐ 140 Schritte
- ☒ 1400 Schritte
- ☐ 14 000 Schritte

2 Rechne um.

A
- 1 h 35 min = **95** min
- 3 h 30 min = **210** min
- 2 h 50 min = **170** min
- 1 h 5 min = **65** min
- 6 h 55 min = **415** min

B
- 3 l = **300** cl
- $\frac{1}{2}$ l = **500** ml
- 2 l = **20** dl
- 12 l = **120** dl
- 500 cl = **5** l

C
- 2 t = **2 000** kg
- 3 kg = **3 000** g
- $\frac{1}{2}$ g = **500** mg
- 5 000 mg = **5** g
- 60 000 g = **60** kg

D
- $\frac{1}{2}$ m = **500** mm
- 2 dm = **20** cm
- 4 cm = **40** mm
- 3 km = **3 000** m
- 50 cm = **5** dm

E
- 1 km 750 m = **1750** m
- 2 km 40 m = **2 040** m
- 3 m 4 dm = **34** dm
- 4 m 5 cm = **405** cm
- 1 m 45 cm = **1450** mm

F
- 3 t 5 kg = **3 005** kg
- 4 hl 7 l = **407** l
- 1 g 50 mg = **1 050** mg
- 3 l 54 cl = **354** cl
- 5 cm 8 mm = **58** mm

1 Vorstellungen von Grössen vertiefen
2 Grössen umrechnen
▶ Schulbuch, Seite 14–15

3 Wie viel fehlt zu …

A 1 m

24 cm	+ 76 cm
2 mm	+ 998 mm
7 dm	+ 3 dm
95 mm	+ 905 mm
3 cm	+ 97 cm

B 1 t

375 kg	+ 625 kg
7 kg	+ 993 kg
45 kg	+ 955 kg
655 kg	+ 345 kg
14 kg	+ 986 kg

C 5 km

1 km 300 m	+ 3 km 700 m
1 km 40 m	+ 3 km 960 m
1 km 5 m	+ 3 km 995 m
4 km 450 m	+ 550 m
3 km 50 m	+ 1 km 950 m

D 5 min

2 min 30 s	+ 2 min 30 s
1 min 40 s	+ 3 min 20 s
3 min 5 s	+ 1 min 55 s
4 min 35 s	+ 25 s
20 s	+ 4 min 40 s

E 2 l

150 cl	+ 50 cl
3 dl	+ 17 dl
500 ml	+ 1500 ml
1 l 5 cl	+ 95 cl
1 l 50 ml	+ 950 ml

F 1 h

34 min 30 s	+ 25 min 30 s
56 min 5 s	+ 3 min 55 s
3 min 58 s	+ 56 min 2 s
30 min 50 s	+ 29 min 10 s
14 min 45 s	+ 45 min 15 s

4

A In einer Seilbahn haben höchstens 30 Personen Platz. Wie oft muss sie fahren, damit sie 500 Personen transportieren kann?

Mindestens 17 mal

B 1 kg Äpfel kostet Fr. 2.80. Wie viele Äpfel kann ich mit 20 Fr. höchstens kaufen?

Etwas mehr als 7 kg

C 200 g Käse kosten 7 Fr. Wie viel kostet 1 kg Käse?

35 Fr.

D Gemäss Kuchenrezept braucht es für 4 Personen 350 g gemahlene Nüsse. Wie viele gemahlene Nüsse braucht es, wenn ich Kuchen für 30 Personen backen muss?

2 625 g oder 2 kg 625 g

E 4 Bleistifte kosten Fr. 4.80. Wie viel kosten 12 Bleistifte.

Fr. 14.40

F Ein Glas fasst 3 dl Flüssigkeit. Wieviele solche Gläser kann man mit 15 l Flüssigkeit füllen?

50 Gläser

G Ein Zug fährt in Bern um 12.34 Uhr ab und kommt in Basel um 13.29 Uhr an. Wie lange ist er unterwegs?

55 min

H Ein Auto braucht für 50 km 45 Minuten. Wie lange braucht es für 300 km?

270 min oder 4 h 30 min

3 Mit Grössen rechnen
4 Einfache Textaufgaben im Kopf rechnen
▶ Schulbuch, Seite 15

5 Rechne im Kopf.

A					B				
40 Rp. + 70 Rp.	=	**1** Fr.	**10** Rp.		1 h 25 min + 2 h 5 min	=	**3** h	**30** min	
1 Fr. 50 Rp. + 2 Fr. 60 Rp.	=	**4** Fr.	**10** Rp.		2 h 35 min + 2 h 45 min	=	**5** h	**20** min	
5 Fr. − 2 Fr. 70 Rp.	=	**2** Fr.	**30** Rp.		5 h − 2 h 50 min	=	**2** h	**10** min	
4 Fr. 20 Rp. − 1 Fr. 60 Rp.	=	**2** Fr.	**60** Rp.		4 h 5 min − 1 h 30 min	=	**2** h	**35** min	
6 Fr. 30 Rp. − 5 Fr. 90 Rp.	=	Fr.	**40** Rp.		1 h 55 min + 3 h 5 min	=	**5** h	**0** min	

C					D				
25 mm + 80 cm	=	**82** cm	**5** mm		2 l 3 dl + 4 l 8 dl	=	**7** l	**1** dl	
5 m − 55 cm	=	**4** m	**45** cm		5 l 25 cl − 3 l 70 cl	=	**1** l	**55** cl	
2 km 50 m − 550 m	=	**1** km	**500** m		3 l 5 ml − 90 ml	=	**2** l	**915** ml	
3 m 75 cm + 2 m 50 cm	=	**6** m	**25** cm		4 l 45 cl + 3 l 90 cl	=	**8** l	**35** cl	
27 mm + 54 mm	=	**8** cm	**1** mm		2 l 5 cl − 75 cl	=	**1** l	**30** cl	

6

A					B				
3 · 40 s	=	**2** min	**0** s		3 · 750 m	=	**2** km	**250** m	
5 · 45 min	=	**3** h	**45** min		4 · 45 cm	=	**1** m	**80** cm	
6 · 10 h	=	**2** Tage	**12** h		6 · 1 km 300 m	=	**7** km	**800** m	
10 · 11 Monate	=	**9** Jahre	**2** Monate		5 · 2 m 55 cm	=	**12** m	**75** cm	

C					D				
5 · 35 ml	=	**17** cl	**5** ml		7 · 950 g	=	**6** kg	**650** g	
4 · 45 cl	=	**1** l	**80** cl		2 · 1 g 55 mg	=	**2** g	**110** mg	
3 · 1 l 7 dl	=	**5** l	**1** dl		5 · 25 mm	=	**12** cm	**5** mm	
8 · 2 l 3 cl	=	**16** l	**24** cl		12 · 300 cm	=	**36** m	**0** cm	

7

A					B			
$\frac{1}{2}$ h : 5	=	**6** min			2 t : 40	=	**50** kg	
1 Tag : 10	=	**2** h	**24** min		1 kg 50 g : 5	=	**210** g	
9 min : 6	=	**1** min	**30** s		1 g 8 mg : 2	=	**504** mg	
1 Woche : 2	=	**3** Tage	**12** h		2 kg 700 g : 9	=	**300** g	
2 h 30 min : 3	=	**0** h	**50** min		5 kg 200 g : 8	=	**650** g	

C					D			
7 l : 5	=	**1** l	**40** cl		5 l : 20	=	**25** cl	
1 l 20 ml : 4	=	**255** ml			8 m : 40	=	**20** cm	
5 cl : 10	=	**5** ml			3 t : 50	=	**60** kg	
5 l 6 dl : 7	=	**8** dl			5 min : 20	=	**15** s	
6 l : 12	=	**500** ml			4 km : 80	=	**50** m	

5–7 Mit Grössen rechnen
▸ Schulbuch, Seite 15

Addition und Subtraktion

Rechne auf deinem Weg.

1
A 42 135 + 39 798
B 40 756 + 41 177
C 39 377 + 42 556
D 37 998 + 45 314
E 36 619 + 46 693
F 35 240 + 48 072

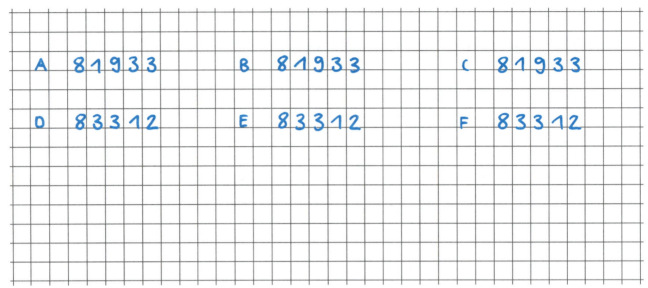

2
A 40 966 + 1234 + 57 900
B 23 456 + 23 + 176 721
C 15 393 + 97 982 + 186 925
D 159 + 3 + 400 238
E 424 143 + 5123 + 71 234
F 25 963 + 451 057 + 123 580

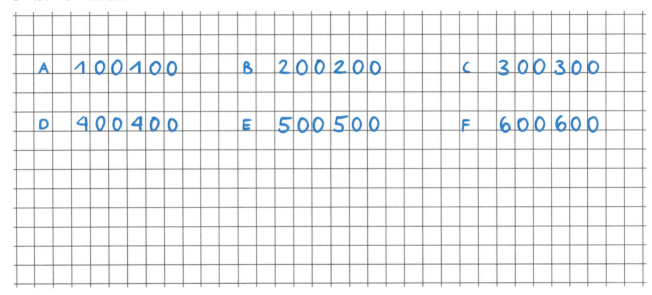

3 Hüpf in der Reihe

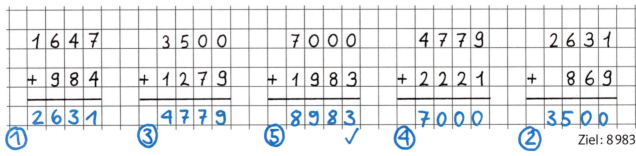

Ziel: 8 983

1–3 Halbschriftlich oder schriftlich addieren, Muster erkennen
▶ Schulbuch, Seite 16–17

4
A 156 931 − 145 709
B 256 873 − 234 540
C 543 695 − 510 251
D 496 583 − 452 028
E 698 547 − 642 881
F 989 767 − 911 879

A 11222 B 22333 C 33444
D 44555 E 55666 F 77888

5
A 107 530 − 8 765
B 88 419 − 765
C 164 197 − 87 654
D 65 486 − 54
E 54 864 − 543
F 55 555 − 12 345

A 98765 B 87654 C 76543
D 65432 E 54321 F 43210

6
A 683 794 + 24 602
   683 794 − 75 398
B 83 254 + 134 789
   83 254 − 65 211
C 79 328 + 271 451
   79 328 − 28 549

A 708396 B 218043 C 350779
   608396   18043   50779

4–6 Halbschriftlich oder schriftlich subtrahieren und addieren, Muster erkennen
▶ Schulbuch, Seite 16–17

Multiplikation und Division

Rechne auf deinem Weg.

1 A 13 · 22   B 24 · 33   C 35 · 44   D 46 · 55   E 57 · 66   F 74 · 83
       12 · 23   23 · 34   34 · 45   45 · 56   56 · 67   73 · 84

A	B	C	D	E	F
286	792	1540	2530	3762	6142
276	782	1530	2520	3752	6132

2 Berechne die Differenz der beiden Ergebnisse.

   A 7 · 153   B 7 · 264   C 7 · 375   D 7 · 240   E 7 · 351   F 7 · 462
      7 · 135   7 · 246   7 · 357   7 · 204   7 · 315   7 · 426

A	B	C	D	E	F
1071	1848	2625	1680	2457	3234
− 945	− 1722	− 2499	− 1428	− 2205	− 2982
126	126	126	252	252	252

(= 7 · 18)   (= 7 · 36)

1–2 Halbschriftlich oder schriftlich multiplizieren, Muster erkennen
▶ Schulbuch, Seite 18

3 Interessante Ergebnisse

A 8638 : 7 = **1234**
   16415 : 7 = **2345**
   24192 : 7 = **3456**
   31969 : 7 = **4567**

B 8976 : 8 = **1122**
   17864 : 8 = **2233**
   26752 : 8 = **3344**
   35640 : 8 = **4455**

C 88884 : 9 = **9876**
   78885 : 9 = **8765**
   68886 : 9 = **7654**
   58887 : 9 = **6543**

4 Hüpf im Päckchen

A 20 · 300 = **6000 ①**
   300 · 400 = **120000 ③**
   60000 : 20 = **3000 ⑥ ✓**
   200 · 300 = **60000 ⑤**
   6000 : 20 = **300 ②**
   120000 : 600 = **200 ④**
   Ziel 3000

B 15 · 200 = **3000 ①**
   15000 : 20 = **750 ④**
   30000 : 60 = **500 ⑥ ✓**
   750 · 40 = **30000 ⑤**
   50 · 300 = **15000 ③**
   3000 : 60 = **50 ②**
   Ziel 500

C 2240 : 4 = **560 ①**
   1680 : 8 = **210 ④**
   7 · 240 = **1680 ③**
   3 · 570 = **1710 ⑥ ✓**
   560 : 80 = **7 ②**
   210 : 70 = **3 ⑤**
   Ziel 1710

D Erfinde weitere «Hüpf im Päckchen»-Aufgaben und gib sie andern zur Kontrolle oder zum Lösen.

3–4 Halbschriftlich oder schriftlich dividieren und multiplizieren
▶ Schulbuch, Seite 18–19

Multiplikation und Division

1 Wähle aus den Ziffernkärtchen 1, 2, 3, ..., 9 drei aus.
Lege **eines** von den drei Kärtchen doppelt.

Beispiel:
Gewählte Kärtchen: 3, 5, 8   5

A Bilde nun alle 12 vierstelligen Zahlen, die mit den Ziffern 3, 5, 5 und 8 möglich sind.

B Addiere die 12 Zahlen.

C Dividiere das Ergebnis von Aufgabe 1 B durch die Summe der 4 Ziffern.

D Wiederhole das ein paar Mal mit andern Ziffernkärtchen wie oben. Was fällt dir auf?

2 Wähle aus den Ziffernkärtchen 1, 2, 3, ..., 9 zwei aus.
Lege nochmals zwei gleiche dazu.

Beispiel:
Gewählte Kärtchen: 3, 5   3, 5

A Bilde nun alle vierstelligen Zahlen, die mit den Ziffern 3, 3, 5 und 5 möglich sind.

B Addiere die Zahlen.

C Dividiere das Ergebnis von Aufgabe 2B durch die Summe der beiden Ziffern.

D Wiederhole das ein paar Mal mit andern Ziffernkärtchen wie oben. Was fällt dir auf?

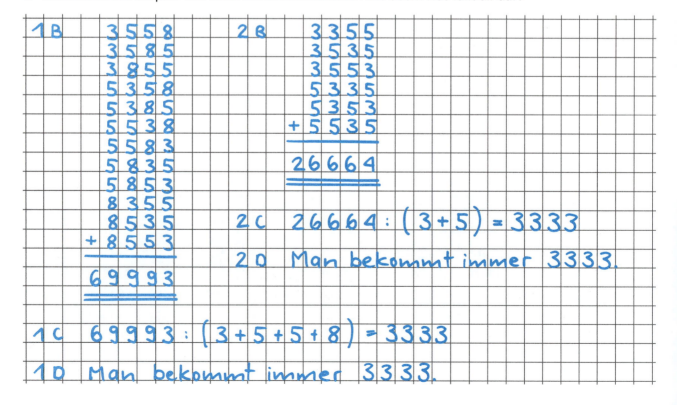

Figuren und Flächen

1 Welchen Flächeninhalt haben diese Figuren? (1 Häuschen = 1 Einheitsquadrat)

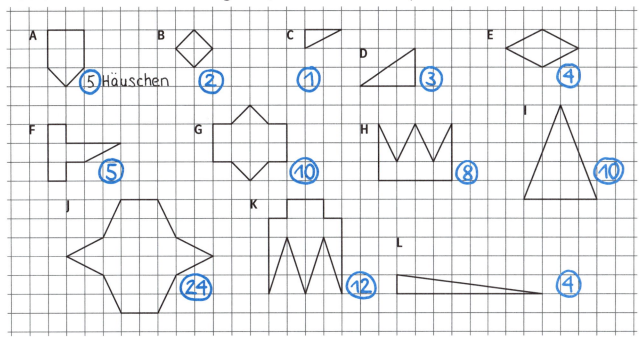

2 Zeichne immer drei verschiedene Figuren mit dem gleichen Flächeninhalt.

A $3\frac{1}{2}$ Einheitsquadrate 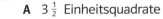 Mögliche Lösungen

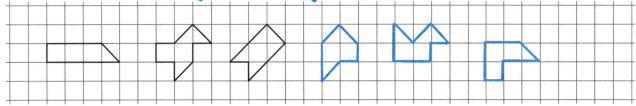

B $4\frac{1}{2}$ Einheitsquadrate  Mögliche Lösungen

C 5 Einheitsquadrate   Mögliche Lösungen

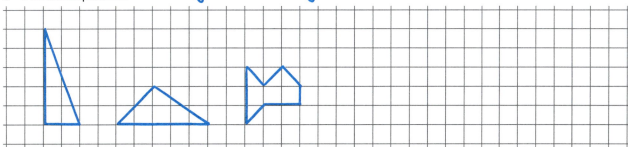

1–2 Flächen von Figuren auf dem Geobrett untersuchen
Schulbuch, Seite 20–21

Figuren und Flächen

Der Mathematikprofessor Georg Pick aus Prag hat sich unter anderem mit Flächen-
problemen auf dem Geobrett beschäftigt. Er hat interessante Beziehungen zwischen der
Anzahl Nägel und der Fläche gefunden. Bei den gespannten Flächen hat er die Nägel
auf dem Rand der Fläche und die Nägel, die ganz im Innern der Fläche liegen, gezählt.

Beispiel:
Diese Figur hat einen Flächeninhalt von 3 Einheitsquadraten.
Sie hat 6 Nägel auf dem Rand und 1 Nagel im Innern.

Georg Pick (1859–1942)

1 Untersuche wie Georg Pick Flächen von Figuren auf dem Geobrett.

2 Anstelle des Geobretts kannst du kariertes Papier nehmen und grössere Flächen zeichnen.
Die Schnittpunkte der Gitterlinien gelten als Nägel. Untersuche jetzt auch grössere Flächen von Figuren.

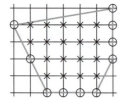

Beispiel:
Flächeninhalt = 22 Einheitsquadrate
Anzahl Randpunkte = 10
Anzahl innere Punkte = 18

3 Spanne oder zeichne verschiedene Flächen, die im Inneren keinen Punkt haben. Ergänze die Tabelle.

Flächeninhalt	$\frac{1}{2}$	1	$1\frac{1}{2}$	2	$2\frac{1}{2}$	3	$3\frac{1}{2}$	4	usw.
Randpunkte	3	4	5	6	7	8	9	10	
Punkte im Inneren	0	0	0	0	0	0	0	0	

Was stellst du fest?

z.B. Jeder zusätzliche Randpunkt vergrössert den Flächeninhalt um $\frac{1}{2}$.

4 Spanne oder zeichne verschiedene Flächen, die im Innern genau einen Punkt haben. Ergänze die Tabelle.

Flächeninhalt	$\frac{1}{2}$	1	$1\frac{1}{2}$	2	$2\frac{1}{2}$	3	$3\frac{1}{2}$	4	usw.
Randpunkte	–	–	3	4	5	6	7	8	
Punkte im Inneren	1	1	1	1	1	1	1	1	

Was stellst du fest?

z.B. Der Flächeninhalt ist immer halb so gross wie die Anzahl Randpunkte.

5 Verfahre wie in Aufgabe 4 mit 2 Punkten im Innern, mit 3 Punkten im Innern usw.
Was stellst du fest?

z.B.

F	$2\frac{1}{2}$	3	$3\frac{1}{2}$	4	$4\frac{1}{2}$	5	$5\frac{1}{2}$	6	usw.
R	3	4	5	6	7	8	9	10	
I	2	2	2	2	2	2	2	2	

Tabellen und Grafiken

1 A Es ist Mittwoch. Du bist in Teufen und möchtest um 12.15 Uhr in Speicherschwendi sein. Welchen Bus musst du nehmen?

   Kurs 9117: Teufen ab 11.40

   B Wie lange dauert die Fahrt?

   22 min

   C Du möchtest um 17.30 Uhr wieder in Teufen sein. Welchen Bus musst du nehmen?

   Kurs 9168: Speicherschw. ab 16.55

   D Wie viel Zeit verbringst du im Bus, wenn du in einer Woche fünfmal hin und her fährst? *5 · 44 min = 220 min = 3 h 40 min*

   E Es ist Sonntag. Du bist in Speicher. Welchen Bus musst du nehmen, wenn du um 14.00 Uhr in Teufen sein willst? *Kurs 9134: Speicher ab 13.38*

80.190 Teufen–Speicher–Speicherschwendi

Montag - Freitag ohne allg. Feiertage

	9073	9083	9091	9109	9117	9141	9151	9155	9165	9175	918
Teufen AR, Bahnhof	712	812	903		1140	1403	1503		1633	1733	183
Speicher, Bahnhof	721	821	912		1149	1412	1512		1642	1742	184
Speicher, Bahnhof		723	823	1100	1153	1413		1543	1643	1743	
Speicherschwendi, Post		732	832	1109	1202	1422		1552	1652	1752	

	9068	9074	9084	9110	9134	9144	9158	9168	9178	9184
Speicherschwendi, Post	650	733	833	1110	1325	1425	1555	1655	1755	
Speicher, Bahnhof	659	742	842	1119	1334	1434	1604	1704	1804	
Speicher, Bahnhof	700	743	843	1120	1338	1438	1608	1708	1808	1843
Teufen AR, Bahnhof	709	752	852	1129	1347	1447	1617	1717	1817	1852

Samstage, Sonn- und allg. Feiertage

	9087	9095	9115	9141	9151	9165	9175	9185
Teufen AR, Bahnhof	840	933	1133	1403	1503	1633	1733	1833
Speicher, Bahnhof	849	942	1142	1412	1512	1642	1742	1842
Speicher, Bahnhof	10850		101208			101643		
Speicherschwendi, Post	10859		101217			101652		

	9090	9110	9134	9144	9158	9168	9178	9184
Speicherschwendi, Post	10900		101325			101655	1755	
Speicher, Bahnhof	10909		101334			101704		
Speicher, Bahnhof	910	1110	1338	1438	1608	1708	1808	1843
Teufen AR, Bahnhof	919	1119	1347	1447	1617	1717	1817	1852

2 Wetterdaten 2006

Ort	H.ü.M.	Sonnenscheindauer im Jahr	Kältester Tag		Durchschnittliche Temperatur im Jahr	Wärmster Tag		Niederschlagsmenge (total) im Jahr	Tag mit den meisten Niederschlägen	
	m	h	°C	Datum	°C	°C	Datum	mm	mm	Datum
Basel	316	1701	−8.6	1.2.	10.9	35.2	25.7.	1029	58	17. 9.
Bern	553	1775	−12.5	16.1.	9.4	33.7	25.7.	1216	62	17. 9.
Genf	420	1989	−9.3	2.3.	11.2	35.3	25.7.	969	56	9. 4.
Glarus	515	1340	−13.2	15.1.	9.1	32.9	27.7.	1368	57	16. 9.
Locarno	366	2237	−4.7	26.1.	12.9	34.4	23.7.	1629	155	3.10.
Luzern	456	1558	−7.8	13.3.	10.1	33.9	25.7.	1202	70	17. 9.
Samedan	1705	1921	−27.8	8.3.	2.5	26.6	21.7.	518	27	16.12.
Säntis	2490	1853	−22.3	12.3.	−0.3	17.6	6.9.	2851	104	8. 3.
St. Gallen	779	1704	−12.8	15.1.	8.8	30.4	21.7.	1274	46	4. 3.
Zürich Kloten	436	1632	−10.5	25.1.	9.9	35.1	27.7.	1158	51	9. 4.

A Wie warm war es am 16. Januar in Bern? *−12.5°*

B Wie viele Stunden lang schien im Jahr 2006 auf dem Säntis die Sonne? *1853 h*

C Wie viele mm Regen gab es in Locarno im Jahr 2006? *1629 mm*

D Wo war der kälteste Tag? *In Samedan, −27.8°*

E Wo gab es die meisten Niederschläge an einem einzigen Tag? *In Locarno, 155 mm am 3.10.*

F Wo gab es am meisten Sonne? *In Locarno, 2237 h*

G Auf welcher Meereshöhe liegt Glarus? *515 m ü.M.*

H Erfinde selber Fragen.

1–2 Tabellen lesen und interpretieren
Schulbuch, Seite 22–23

3 Hier siehst du ein Säulendiagramm. 1 cm Säulenhöhe entspricht einer Geschwindigkeit von 10 km/h.

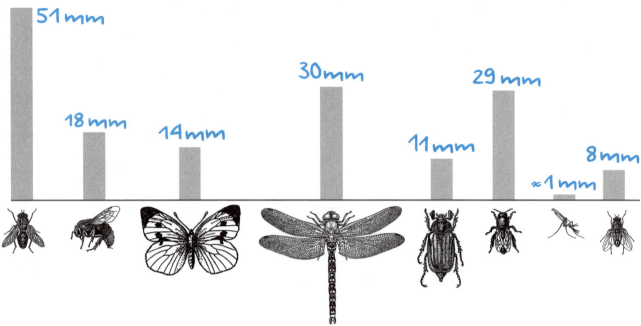

	Wie schnell fliegen diese Insekten?	Wie weit fliegen diese Insekten…	
		…in einer halben Stunde?	…in einer Viertelstunde?
Rinderbremse	51 km/h	etwa 25 km	etwa 12–13 km
Hummel	18 km/h	9 km	4–5 km
Kohlweissling	14 km/h	7 km	3–4 km
Libelle	30 km/h	15 km	7–8 km
Maikäfer	11 km/h	etwa 5–6 km	etwa 3 km
Biene	29 km/h	etwa 15 km	etwa 7 km
Stechmücke	1,5 km/h	etwa 700 m	etwa 400 km
Stubenfliege	8 km/h	4 km	2 km

4 Ein Esel wiegt etwa 180 kg.

Pferderasse	Araber	Shetlandpony	Haflinger	Freiberger	Lippizaner	Andalusier	Friese
Gewicht	450 kg	150 kg	500 kg	600 kg	680 kg	420 kg	700 kg

Trage das Gewicht des Esels und der Pferde im Säulendiagramm ein.

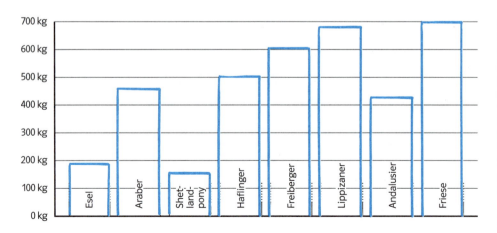

3–4 Grafiken lesen, interpretieren und Daten grafisch darstellen
▶ Schulbuch, Seite 22–23

5 Zeichne zur Tabelle ein Säulendiagramm, das die Höhen der Gebäude veranschaulicht.

Höhe	Name	Stadt
720 m	Burj Dubai	Dubai
553 m	CN Tower	Toronto
540 m	Ostankino-Turm	Moskau
449 m	Empire State Building	New York City
300 m	Eiffelturm	Paris
157 m	Kölner Dom	Köln
160 m	Kathedrale von Lincoln	Lincoln
137 m	Cheopspyramide	Gizeh

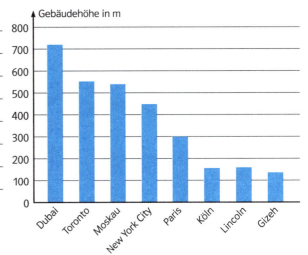

6 An vielen Orten der Schweiz werden die Temperaturen und Niederschlagsmengen regelmässig gemessen. Die durchschnittlichen Niederschlagsmengen (in mm gemessen) und die durchschnittlichen Temperaturen (in Grad Celsius gemessen) sind in den beiden Diagrammen ersichtlich. Gemessen wurde auf dem Pilatus.

A Welches ist die durchschnittliche Niederschlagsmenge im April?

Ca. 200 mm

B In welchen Monaten gibt es durchschnittlich weniger als 120 mm Niederschläge?

September / Oktober

C Wie viele mm Niederschlag etwa gibt es auf dem Pilatus durchschnittlich in einem ganzen Jahr?

Ca. 160 mm pro Monat
ca. 1930 mm im ganzen Jahr

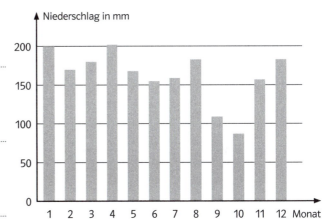

7 A Welches ist die durchschnittliche Temperatur im November?

Ca. −1°

B In welchem Monat ist die durchschnittliche Temperatur 8 Grad?

Im Juli oder August

C In welchen Monaten ist es mehr als 4 Grad warm?

Im Juni, Juli, August und September (Oktober 4 Grad)

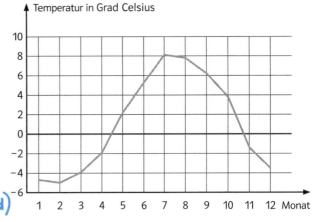

Grössen bei Bienen

Königin ♀

Drohne ♂

In einem Bienenstock gibt es drei Arten von Bienen. Sie unterscheiden sich in Grösse und Körperform. Die Königin ist etwas grösser und hat einen langen, schlanken Hinterleib. Ihre Aufgabe ist ausschliesslich das Legen von Eiern zum Erhalt des Bienenvolks. Die allermeisten der etwa 30 000 Bienen eines Volks sind Arbeitsbienen. Es gibt auch männliche Bienen. Man nennt sie Drohnen. Nur etwa zwei von 100 Bienen sind Drohnen.

Die junge Königin paart sich auf ihrem Hochzeitsflug mit bis zu 20 Drohnen. Die Drohnen sterben anschliessend. Im Stock legt die Königin dann vom Frühling bis zum Sommer jeden Tag 1000 bis 2000 Eier.

Die jungen Arbeiterinnen bleiben im Bienenstock und halten alles sauber. Sie pflegen die Königin und die Brut. Sie bauen auch neue Waben aus Wachs. Aus den Wachsdrüsen am Hinterleib schwitzen sie das Wachs als dünne Plättchen aus. Ein Wachsplättchen wiegt knapp 1 mg.

Arbeitsbiene ♀

Wenn die Arbeiterinnen etwa 20 Tage alt sind, fliegen sie aus. Sie sind jetzt Sammelbienen und bringen für die ganze Bienengemeinschaft Nahrung in den Bienenstock. Die Nahrung der Bienen besteht aus Wasser, Blütenstaub und Nektar. Sammelbienen fliegen etwa 10 Tage aus und sterben dann.

Nektar ist eine wässrige Zuckermischung. Insekten suchen diesen Nektar in der Blüte. Dabei kommt es zur Bestäubung. Eine Biene muss etwa 125 Rotkleeköpfe besuchen, bis sie 1 g Nektar gesammelt hat. Wenn 100 Bienen einmal ausfliegen, sammeln sie insgesamt rund 5 g Nektar. Davon verbrauchen sie selber als Nahrung ungefähr 2 g. Aus dem Rest erzeugen die Bienen Honig: Aus 3 g Nektar entsteht etwa 1 g Honig.

An einem sehr guten Sammeltag unternimmt eine Sammelbiene etwa 20 Ausflüge. Jeder Ausflug dauert ungefähr 30 Minuten. Kein Wunder, reden wir vom sprichwörtlichen Bienenfleiss! Sammelbienen entfernen sich selten weiter als etwa 1500 m vom Bienenstock. Sie können in einer Sekunde 6 m weit fliegen.

1 Links siehst du eine Bienenwabe. Sie ist in der Natur genau so gross wie auf diesem Bild.

Miss eine Seite der sechseckigen Wabe. *Ca. 5 mm*

2 A Welche Arbeiten erledigen junge Arbeitsbienen? *Reinigung, Brutpflege, Wabenbau, Pflege der Königin*

B Welche Nahrung benötigen Bienen? *Wasser, Blütenstaub, Nektar*

C Wie viele Flüge unternimmt eine Biene an einem guten Sammeltag? *Etwa 20*

3 **A** Wie viele Rotkleeköpfe muss eine Biene besuchen, bis sie 1 g Nektar gesammelt hat?
Etwa 125

B Wie viele Rotkleeköpfe muss eine Biene besuchen, bis sie 5 g Nektar gesammelt hat?
Über 600

4 **A** Wie weit kann eine Biene in 1 Sekunde fliegen?
Etwa 6 m

B Wie weit kann eine Biene in 1 Minute fliegen?
Etwa 300 m bis 400 m

5 **A** Wie viele Eier legt die Bienenkönigin in 1 Tag?
1000 bis 2000

B Wie viele Eier legt die Bienenkönigin in 1 Woche?
7000 bis 14000

6 **A** Wie viele Bienen hat es in einem Bienenvolk?
Etwa 30 000

B Wie viele Bienen hat es in 12 Bienenvölkern?
Etwa 360 000

7 **A** Wie viele Arbeiterinnen etwa gibt es in einem Bienenvolk?

Fast alle der 30 000

B Wie viel Honig etwa sammelt eine Biene in ihrem Leben?
Etwa 2 g

8 Ergänze die Tabelle.

A
Anzahl Rotkleeköpfe	125	250	375	500	1000	1500	1750	3000	5000
Nektar	1 g	2 g	3 g	4 g	8 g	12 g	14 g	24 g	40 g

B
Nektar	3 g	6 g	30 g	60 g	300 g	600 g	3 kg	6 kg	15 kg
Honig	1 g	2 g	10 g	20 g	100 g	200 g	1 kg	2 kg	5 kg

9 Ergänze die Tabelle.

A
Flugstrecke	6 m	60 m	150 m	300 m	600 m	900 m	1200 m	1500 m
Flugzeit	1 s	10 s	25 s	50 s	100 s	150 s	200 s	250 s

B
Flugstrecke	6 m	12 m	30 m	60 m	300 m	360 m	720 m	1080 m
Flugzeit	1 s	2 s	5 s	10 s	50 s	1 min	2 min	3 min

10 Erstellt Tabellen für 1, 10, 50, 100 oder 150 sehr gute Sammeltage! Teilt die Arbeit auf.

Beispiel für 1 Sammeltag							
Bienen	10	20	50	100	500	1000	5000
Anzahl Ausflüge	200	400	1000	2000	10000	20000	100000
gesammelter Nektar	10 g	20 g	50 g	100 g	500 g	1000 g	5000 g
verbrauchter Nektar	4 g	8 g	20 g	40 g	200 g	400 g	2000 g
Nektar für Honig	6 g	12 g	30 g	60 g	300 g	600 g	3000 g

Grössen bei Flugzeugen

Avro RJ100

Der Avro wird für Flüge in Europa eingesetzt. Er ist mit einer Spannweite von 26,34 m, einer Länge von 31 m und einer Höhe von 8,59 m besonders für Flughäfen mit kurzen Landebahnen geeignet. Die Startrollstrecke beträgt etwa 1400 m.

Das Flugzeug verfügt über vier besonders leise Triebwerke. Das hat ihm den Übernamen «Flüsterjet» eingetragen. Der Kerosinverbrauch ist niedrig. Mit einer Tankfüllung von 11 728 l kann das Flugzeug eine Strecke von rund 3 000 km fliegen. Es fliegt dabei mit einer durchschnittlichen Geschwindigkeit von 750 km/h. Die Höchstgeschwindigkeit beträgt ca. 800 km/h. Das Flugzeug benötigt im Durchschnitt 6.3 l Kerosin, um einen Passagier 100 km weit zu transportieren. Es gibt zwei Versionen: RJ85 mit 82 Sitzen und RJ100 für 97 Passagiere. Geflogen wird der Avro mit einer Besatzung von 4 bis 6 Personen.

Leer wiegt das Flugzeug 26 t. Die Nutzlast beträgt 10 950 kg. Das maximale Startgewicht liegt bei 46 t 39 kg, das maximale Landegewicht bei 40 t 142 kg. Das Flugzeug kann eine maximale Flughöhe von 9 500 m erreichen. Sein Neupreis beträgt rund 17.5 Mio €. Der Erstflug hat am 27.11.1992 stattgefunden.

1 Trage die verschiedenen Grössen in der Quartettkarte ein.

2

Flugzeugtyp	Airbus A 340-300	Airbus A 330-300	Airbus A 319-112	Avro RJ100
Spannweite	60 m 30 cm	60 m 30 cm	34 m 10 cm	26 m 34 cm
Länge	63,70 m	57,51 m	33,80 m	31,00 m
Höhe	1 680 cm	1 788 cm	1 180 cm	859 cm
Maximales Startgewicht	275 000 kg	230 000 kg	64 000 kg	46 039 kg
Maximales Landegewicht	192,000 t	180,000 t	61,000 t	40,142 t
Nutzlast	45 580 kg	45 550 kg	16 260 kg	10 950 kg
Reisegeschwindigkeit (km/h)	930	850	750	750
Treibstofftanks	140 640 l	139 090 l	23 859 l	11 728 l
Reichweite	10 500 km	8 400 km	3 000 km	3 000 km
Passagiere	228	196	110–126	82–97

A Berechne die Unterschiede der Nutzlasten der einzelnen Flugzeuge. Schreibe die Ergebnisse in die folgende Tabelle.

	Airbus A 340-300	Airbus A 330-300	Airbus A 319-112	Avro RJ100
Airbus A 340-300	■	30 kg	29 320 kg	34 630 kg
Airbus A 330-300	30 kg	■	29 290 kg	34 600 kg
Airbus A 319-112	29 320 kg	29 290 kg	■	5 310 kg
Avro RJ100	34 630 kg	34 600 kg	5 310 kg	■

B Erstelle selber Tabellen und erfinde weitere Übungen.

3 Für 100 km braucht ein Airbus A 340-300 etwa 800 l Treibstoff.

A Wie viele Liter ungefähr braucht er für einzelne Flugstrecken?

1. 4800 l   5. 6400 l   9. 9600 l   13. 12000 l
2. 12800 l   6. 8000 l   10. 4000 l   14. 4800 l
3. 5600 l   7. 13600 l   11. 4000 l
4. 4000 l   8. 6400 l   12. 5600 l

Flugstrecke ab	Zürich	Reisedauer	
Amsterdam	600 km	1 h 30 min	1.
Athen	1600 km	2 h 50 min	2.
Berlin	700 km	1 h 30 min	3.
Brüssel	500 km	1 h 10 min	4.
Budapest	800 km	1 h 40 min	5.
Kopenhagen	1000 km	1 h 45 min	6.
Lissabon	1700 km	2 h 40 min	7.
London	800 km	1 h 40 min	8.
Madrid	1200 km	2 h 10 min	9.
Paris	500 km	1 h 10 min	10.
Prag	500 km	1 h 10 min	11.
Rom	700 km	1 h 30 min	12.
Stockholm	1500 km	2 h 30 min	13.
Wien	600 km	1 h 20 min	14.

B Wie weit ungefähr kann er mit vollen Treibstofftanks fliegen? Vergleiche mit der Reichweite in der Tabelle auf Seite 32.

140 640 : 8 = 17 580
Etwa 7000 km weiter als Reichweite

4 Ein Kurzstreckenflugzeug der Swiss fliegt in einem Jahr 1080-mal von Zürich nach Rom und wieder zurück. Welche Strecke legt es auf diesen Flügen zurück? Wie lange ist es unterwegs?

1080 · 2 · 700 = 1 512 000   Etwa 1,5 Millionen km
1½ · 2 · 1080 = 3 · 1080 = 3240   Etwa 3240 h

5 Ein Kurzstreckenflugzeug der Swiss fliegt in einem Monat 90-mal von Zürich nach Lissabon und wieder zurück. Welche Strecke legt es auf diesen Flügen zurück? Wie lange ist es unterwegs?

90 · 2 · 1700 = 306 000   Etwa 300 000 km
90 · 2 · 2h 40 min = 480 h   480 h

6 Versuche dieses Papierflugzeug zu falten, indem du den Anweisungen unten genau folgst.

3–5 Aus einer Tabelle Daten entnehmen, Berechnungen durchführen
6 Papierflieger nach Anleitung falten
▶ Schulbuch, Seite 26–27

Anschlüsse

Umsteigen in Luzern

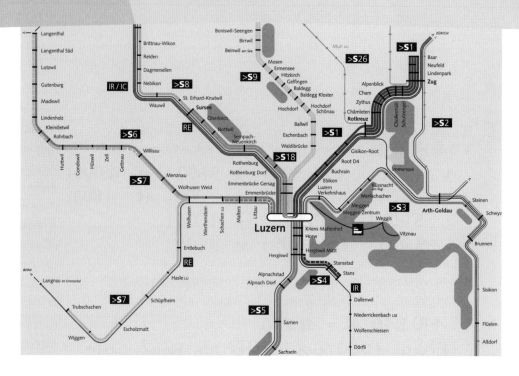

Ankunft in Luzern

Uhrzeit		Aus Richtung
13:47	BAT 16	**Vitznau.** Vitznau 12:56 – Weggis 13:12 – Verkehrshaus – Lido 13:37 – Luzern Bahnhofquai 13:47
13:49	IR 2339	**Zürich Flughafen.** Zürich Flughafen 12:47 – Zürich Oerlikon 12:52 – Zürich HB 13:04 – Thalwil 13:14 – Zug 13:29 – Luzern 13:49
13:49	IR 3671	**Engelberg.** Engelberg 12:45 – Grünenwald 12:52 – Wolfenschiessen 13:13 – Dallenwil 13:18 – Stans 13:25 – Stansstad 13:30 • Hergiswil 13:34 – Horw 13:41 – Kriens Mattenhof 13:43 – Luzern 13:49
13:52	S5 21551	**Giswil.** Giswil 13:06 – Sachseln 13:15 – Sarnen 13:20 – Alpnach Dorf 13:25 - Alpnachstad 13:30 – Hergiswil 13:38 • Hergiswil Matt 13:40 – Horw 13:43 – Kriens Mattenhof 13:45 – Luzern 13:52
13:54	S3 21350	**Brunnen.** Brunnen 13:08 – Schwyz 13:12 – Steinen 13:14 – Arth-Goldau 13:21 – Immensee 13:28 – Küssnacht am Rigi 13:34 • Meggen 13:40 – Meggen Zentrum 13:41 – Luzern Verkehrshaus 13:46 – Luzern 13:54
13:56	RE 3573	**Olten.** Olten 13:06 – Zofingen 13:12 – Reiden 13:17 – Dagmersellen 13:19 – Nebikon 13:23 – Wauwil 13:26 • Sursee 13:32 – Sempach-Neuenkirch 13:39 – Emmenbrücke 13:47 – Luzern 13:56
13:58	S9 21949	**Lenzburg.** Lenzburg 12:38 – Beinwil am See 13:02 – Hochdorf 13:28 – Hochdorf Schönau 13:29 – Ballwil 13:33 – Eschenbach 13:36 • Waldibrücke 13:43 – Emmenbrücke Gersag 13:47 – Emmenbrücke 13:49 – Luzern 13:58
14:00	IR 2525	**Genève-Aéroport.** Genève-Aéroport 11:01 – Genève 11:10 – Lausanne 11:45 – Palézieux 12:01 – Romont 12:16 – Fribourg 12:34 • Bern 13:00 – Zofingen 13:28 – Sursee 13:41 – Luzern 14:00
14:03	RE 3321	**Bern.** Bern 12:37 – Konolfingen 12:53 – Langnau 13:06 – Trubschachen 13:11 – Escholzmatt 13:18 – Schüpfheim 13:29 • Entlebuch 13:34 – Wolhusen 13:45 – Malters 13:51 – Luzern 14:03

Abfahrt in Luzern

Uhrzeit		In Richtung
14:00	IR 2526	**Genève-Aéroport.** Luzern 14:00 – Sursee 14:18 – Zofingen 14:32 – Bern 15:04 • Fribourg 15:26 – Romont 15:44 – Palézieux 15:59 – Lausanne 16:17 – Genève 16:53 – Genève-Aéroport 16:59
14:02	S9 21954	**Lenzburg.** Luzern 14:02 – Emmenbrücke 14:07 – Emmenbrücke Gersag 14:09 – Waldibrücke 14:14 • Eschenbach 14:17 – Ballwil 14:21 – Hochdorf Schönau 14:24 – Hochdorf 14:28 – Beinwil am See 14:53 – Lenzburg 15:19
14:04	RE 3576	**Olten.** Luzern 14:04 – Emmenbrücke 14:09 – Sempach-Neuenkirch 14:19 – Sursee 14:26 • Wauwil 14:30 – Nebikon 14:34 – Dagmersellen 14:36 – Reiden 14:40 – Zofingen 14:45 – Olten 14:52
14:06	S3 21355	**Brunnen.** Luzern 14:06 – Luzern Verkehrshaus 14:13 – Meggen Zentrum 14:16 – Meggen 14:18 • Küssnacht am Rigi 14:26 – Immensee 14:29 – Arth-Goldau 14:39 – Steinen 14:43 – Schwyz 14:47 – Brunnen 14:52
14:08	S5 21556	**Giswil.** Luzern 14:08 – Kriens Mattenhof 14:12 – Horw 14:14 – Hergiswil Matt 14:17 • Hergiswil 14:23 – Alpnachstad 14:28 – Alpnach Dorf 14:31 – Sarnen 14:39 – Sachseln 14:43 – Giswil 14:51
14:10	IR 2346	**Zürich Flughafen.** Luzern 14:10 – Zug 14:31 – Thalwil 14:46 – Zürich HB 15:01 – Zürich Oerlikon 15:08 – Zürich Flughafen 15:13
14:11	IR 3676	**Engelberg.** Luzern 14:11 – Kriens Mattenhof 14:15 – Horw 14:17 – Hergiswil 14:25 • Stansstad 14:30 – Stans 14:35 – Dallenwil 14:40 – Niederrickenbach Station 14:41 – Wolfenschiessen 14:44 – Engelberg 15:12
14:12	BAT 23	**Flüelen SGV.** Luzern Bahnhofquai 14:12 – Verkehrshaus-Lido 14:22 – Hertenstein SGV 14:44 – Weggis 14:53 – Vitznau 15:11 – Beckenried 15:28 – Treib 16:02 – Brunnen SGV 16:11 – Rütli 16:21 – Flüelen SGV 16:55
14:16	S6 21654	**Langenthal.** Luzern 14:16 – Littau 14:21 – Malters 14:30 – Schachen LU 14:32 • Wolhusen 14:46 – Wolhusen Weid 14:47 – Menznau 14:50 – Willisau 14:57 – Huttwil 15:16 – Langenthal 15:38

1

A André aus Genève fährt von Luzern weiter nach Engelberg.

Genève ab _11.10_
Luzern an _14.00_
Luzern ab _14.11_
Engelberg an _15.12_
Umsteigezeit in Luzern _11 min_
Reisezeit Genève–Engelberg _4 h 2 min_

B Banu ist in Zofingen in den Zug aus Olten eingestiegen und nimmt in Luzern die S6 nach Malters.

Zofingen ab _13.12_
Luzern an _13.56_
Luzern ab _14.16_
Malters an _14.30_
Umsteigezeit in Luzern _20 min_
Reisezeit Zofingen–Malters _1 h 18 min_

C Cyrill kommt mit dem Schiff aus Weggis und fährt mit dem Zug nach Zürich Flughafen.

Weggis ab _13.12_
Luzern an _13.47_
Luzern ab _14.10_
Zürich Flughafen an _15.13_
Umsteigezeit in Luzern _23 min_
Reisezeit Weggis–Zürich Flughafen _2 h 1 min_

D Daniela ist in Konolfingen in den RegioExpress RE 3321 eingestiegen und will mit der S5 nach Sarnen weiterfahren.

Konolfingen ab _12.53_
Luzern an _14.03_
Luzern ab _14.08_
Sarnen an _14.39_
Umsteigezeit in Luzern _5 min_
Reisezeit Konolfingen–Sarnen _1 h 46 min_

E Enrico kommt mit der S5 aus Horw und reist nach Fribourg.

Horw ab _13.43_
Luzern an _13.52_
Luzern ab _14.00_
Fribourg an _15.26_
Umsteigezeit in Luzern _8 min_
Reisezeit Horw–Fribourg _1 h 43 min_

F Fabrizia kommt mit der S3 aus Steinen und fährt mit dem RegioExpress RE 3576 nach Reiden.

Steinen ab _13.14_
Luzern an _13.54_
Luzern ab _14.04_
Reiden an _14.40_
Umsteigezeit in Luzern _10 min_
Reisezeit Steinen–Reiden _1 h 26 min_

G Gabriel kommt mit dem Interregio aus Dallenwil. Er nimmt in Luzern die S3 nach Arth-Goldau.

Dallenwil ab _13.18_
Luzern an _13.49_
Luzern ab _14.06_
Arth-Goldau an _14.39_
Umsteigezeit in Luzern _17 min_
Reisezeit Dallenwil–Arth-Goldau _1 h 21 min_

H Heidi kommt aus Lenzburg und reist von Luzern mit dem Schiff nach Flüelen.

Lenzburg ab _12.38_
Luzern an _13.58_
Luzern ab _14.12_
Flüelen an _16.55_
Umsteigezeit in Luzern _14 min_
Reisezeit Lenzburg–Flüelen _4 h 17 min_

I Stellt euch gegenseitig weitere «Umsteigeaufgaben».

---

1 Aus Fahrplänen Zeiten entnehmen und damit Reisezeiten berechnen
► Schulbuch, Seite 28–29

2 Berechne die Reisezeiten.

Basel ab 11.28	Bern an	12.27	Reisezeit:	59 min
Basel ab 11.37	Delémont an	12.17	Reisezeit:	40 min
Basel ab 11.47	Zürich an	12.52	Reisezeit:	1h 5 min
Basel ab 12.07	St.Gallen an	14.15	Reisezeit:	2h 8 min
Basel ab 12.03	Lausanne an	14.15	Reisezeit:	2h 12 min
Basel ab 13.03	Luzern an	14.05	Reisezeit:	1h 2 min
Basel ab 15.07	Chur an	17.43	Reisezeit:	2h 36 min
Basel ab 16.07	Chiasso an	20.26	Reisezeit:	4h 19 min

3 Busse fahren im Takt. Gib die weiteren Abfahrtszeiten zwischen 11.30 und 13.45 an.

Linie 1: alle 15 Minuten: 11.35 11.50 12.05 12.20 12.35 12.50 13.05 13.20 13.35 …

Linie 2: alle 12 Minuten: 11.40 11.52 12.04 12.16 12.28 12.40 12.52 13.04 13.16 …

Linie 3: alle 6 Minuten: 11.42 11.48 11.54 12.00 12.06 12.12 12.18 12.24 12.30 12.36 12.42 12.48 …

4 In Zug den Zug verpasst. Berechne jeweils die kürzeste Reisezeit für die Strecke Zug–Bern.
Für das Umsteigen in Zürich brauchst du 7 Minuten.

Zug ab	17.29	17.31	17.35	17.38	17.58	18.02	18.08	18.29	18.31	
Zürich an	17.51	17.56	18.10	18.25	18.25	18.38	18.55	18.51	18.56	
Zürich ab	18.00	18.04	18.06	18.08	18.30	18.32	18.38	18.58	19.00	19.06
Bern an	18.57	19.48	19.25	19.25	19.53	19.29	19.56	20.21	19.57	20.25

A Du bist um 17.15 am Bahnhof Zug.
Abfahrt in Zug 17.29   Ankunft in Bern 18.57   Reisezeit Zug–Bern 1h 28 min

B Du bist um 17.30 am Bahnhof.
Abfahrt in Zug 17.31   Ankunft in Bern 19.25   Reisezeit Zug–Bern 1h 54 min

C Du bist um 17.45 am Bahnhof.
Abfahrt in Zug 17.58   Ankunft in Bern 19.29   Reisezeit Zug–Bern 1h 31 min

D Du bist um 18.00 am Bahnhof.
Abfahrt in Zug 18.02 / 18.29   Ankunft in Bern 20.21   Reisezeit Zug–Bern 2h 19 min / 1h 52 min

E Du bist um 18.15 am Bahnhof.
Abfahrt in Zug 18.29   Ankunft in Bern 20.21   Reisezeit Zug–Bern 1h 52 min

5 Wie viele Minuten? Wie viele Stunden und Minuten?

h/min	1 h 15 min	2 h 15 min	3 h 15 min	2 h 28 min	4 h 8 min	5 h 48 min
min	75 min	135 min	195 min	148 min	248 min	348 min

2–4 Aus Fahrplänen Zeiten entnehmen und damit Reisezeiten berechnen
5 Zeiten umrechnen
▶ Schulbuch, Seite 28–29

Aufrunden und abrunden

1 Runde die Benzinpreise auf 5 Rappen genau.

Liter	40	41	42	43	44	45
Preis an der Zapfsäule	73.16	74.99	76.82	78.65	80.48	82.31
Bezahlter Preis	73.15	75.00	76.80	78.65	80.50	82.30

2 Runde auf 10 Minuten genau.

Minuten	16	72	83	95	107	112	129
Gerundet	20	70	80	100	110	110	130

3 Runde auf 5 Minuten genau.

Minuten	72	87	93	104	115	129	161
Gerundet	70	85	95	105	115	130	160

4 Runde auf halbe Stunden genau.

Minuten	72	82	92	102	112	122	160
Gerundet	60	90	90	90	120	120	150 min
oder	1	$1\frac{1}{2}$	$1\frac{1}{2}$	$1\frac{1}{2}$	2	2	$2\frac{1}{2}$ h

5 Runde auf halbe Stunden genau.

Minuten	22	33	44	55	66	77	88
Gerundet	30	30	30	60	60	90	90 min
oder	$\frac{1}{2}$	$\frac{1}{2}$	$\frac{1}{2}$	1	1	$1\frac{1}{2}$	$1\frac{1}{2}$ h

6 Runde auf ganze Zehner.
178 ≈ 180 (aufrunden). Man spricht: 178 ist rund 180.
612 ≈ 610 (abrunden). Man spricht: 612 ist rund 610.

79 ≈ 80	85 ≈ 90	11 ≈ 10	66 ≈ 70
81 ≈ 80	86 ≈ 90	22 ≈ 20	77 ≈ 80
82 ≈ 80	87 ≈ 90	33 ≈ 30	88 ≈ 90
83 ≈ 80	88 ≈ 90	44 ≈ 40	99 ≈ 100
84 ≈ 80	89 ≈ 90	55 ≈ 60	110 = 110

1–5 Grössen aus dem Alltag runden
6 Zahlen auf ganze Zehner runden
▸ Schulbuch, Seite 30–31

7 Runde auf ganze Hunderter.

2371 ≈ 2400 (aufrunden). Man spricht: 2371 ist rund 2400.
3413 ≈ 3400 (abrunden). Man spricht: 3413 ist rund 3400.

801 ≈	800	850 ≈	900	111 ≈	100	666 ≈	700
810 ≈	800	860 ≈	900	222 ≈	200	777 ≈	800
820 ≈	800	870 ≈	900	333 ≈	300	888 ≈	900
830 ≈	800	880 ≈	900	444 ≈	400	999 ≈	1000
840 ≈	800	890 ≈	900	555 ≈	600	1110 ≈	1100

8 Runde auf ganze Tausender.

9502 ≈ 10000 (aufrunden). Man spricht: 9502 ist rund 10000.
64486 ≈ 64000 (abrunden). Man spricht: 64486 ist rund 64000.

8010 ≈	8000	8500 ≈	9000	1111 ≈	1000	6666 ≈	7000
8100 ≈	8000	8600 ≈	9000	2222 ≈	2000	7777 ≈	8000
8200 ≈	8000	8700 ≈	9000	3333 ≈	3000	8888 ≈	9000
8300 ≈	8000	8800 ≈	9000	4444 ≈	4000	9999 ≈	10000
8400 ≈	8000	8900 ≈	9000	5555 ≈	6000	11110 ≈	11000

9 Runde auf Zehner, Hunderter, Tausender.

	765432	76543	7654	765	76	7
Zehner	765430	76540	7650	770	80	10
Hunderter	765400	76500	7700	800	100	0
Tausender	765000	77000	8000	1000	0	0

10 Runde auf Zehner, Hunderter, Tausender.

	234567	23456	2345	234	23	2
Zehner	234570	23460	2350	230	20	0
Hunderter	234600	23500	2300	200	0	0
Tausender	235000	23000	2000	0	0	0

11 Runde.

	Anz. Museums-besucher 2007	Gerundet auf 10	Gerundet auf 100	Gerundet auf 1000
Naturmuseum Solothurn	30747	30750	30700	31000
Schweizerisches Landesmuseum Zürich	108982	108980	109000	109000
Verkehrshaus der Schweiz	872905	872910	872900	873000
Museum für Kommunikation Bern	83979	83980	84000	84000
Zoo Zürich	1757168	1757170	1757200	1757000

7–11 Zahlen auf Zehner, Hunderter und Tausender runden
▶ Schulbuch, Seite 30–31

Durchschnitte

1 Berechne den Durchschnitt der Zahlen.

A 100, 200 — 150
B 100, 200, 300 — 200
C 100, 200, 300, 400 — 250
D 100, 200, 300, 400, 500 — 300
E 100, 200, 300, 400, 500, 600 — 350
F 100, 200, 300, 400, 500, 600, 700 — 400
G Welche Gesetzmässigkeiten erkennst du?

z. B. Immer 50 mehr

2 Berechne den Durchschnitt der Zahlen.

A 100, 300 — 200
B 100, 300, 500 — 300
C 100, 300, 500, 700 — 400
D 100, 300, 500, 700, 900 — 500
E 100, 300, 500, 700, 900, 1100 — 600
F 100, 300, 500, 700, 900, 1100, 1300 — 700
G Welche Gesetzmässigkeiten erkennst du?

z. B. Immer 100 mehr

3 Berechne den Durchschnitt der Zahlen.

A 100, 400 — 250
B 100, 400, 700 — 400
C 100, 400, 700, 1000 — 550
D 100, 400, 700, 1000, 1300 — 700
E 100, 400, 700, 1000, 1300, 1600 — 850
F 100, 400, 700, 1000, 1300, 1600, 1900 — 1000
G Welche Gesetzmässigkeiten erkennst du?

z. B. Immer 150 mehr

1–3 Durchschnitte berechnen, Zusammenhänge und Gesetzmässigkeiten beschreiben
▸ Schulbuch, Seite 32–33

4 Berechne den Durchschnitt der Zahlen.

A 200, 800 — 500
B 200, 800, 1400 — 800
C 200, 800, 1400, 2000 — 1 100
D 200, 800, 1400, 2000, 2600 — 1 400
E 200, 800, 1400, 2000, 2600, 3200 — 1 700
F 200, 800, 1400, 2000, 2600, 3200, 3800 — 2 000
G Vergleiche mit Aufgabe 3. Was fällt dir auf?

Immer doppelt so viel

5 Suche 5 Zahlen (die Abstände zwischen den Zahlen können gleich oder verschieden sein) mit dem Durchschnitt 1000.

A 1000 soll die mittlere der 5 Zahlen sein.
B 1000 darf keine der 5 Zahlen sein.
C 1000 soll die zweitkleinste der 5 Zahlen sein.
D 1000 soll die zweitgrösste der 5 Zahlen sein.

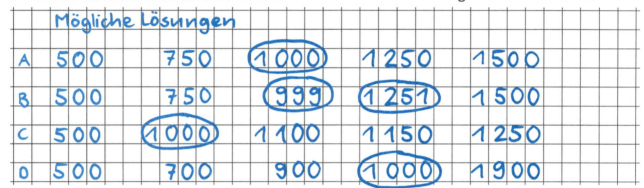

Mögliche Lösungen

A 500 750 (1000) 1250 1500
B 500 750 (999) (1251) 1500
C 500 (1000) 1100 1150 1250
D 500 700 900 (1000) 1900

6 Suche 6 Zahlen (die Abstände zwischen den Zahlen können gleich oder verschieden sein) mit dem Durchschnitt 500.

A Die beiden mittleren Zahlen sind beide 500.
B Keine der 6 Zahlen darf gleich 500 sein.
C 500 soll die zweitkleinste der 6 Zahlen sein.
D 500 soll die zweitgrösste der 6 Zahlen sein.

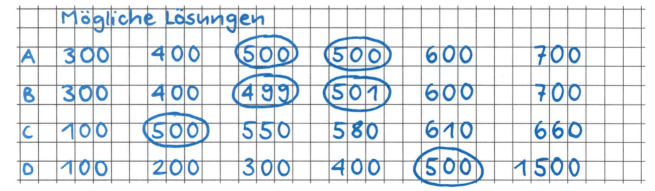

Mögliche Lösungen

A 300 400 (500) (500) 600 700
B 300 400 (499) (501) 600 700
C 100 (500) 550 580 610 660
D 100 200 300 400 (500) 1500

4 Durchschnitte berechnen, Zusammenhänge und Gesetzmässigkeiten beschreiben
5–6 Zahlen zu vorgegebenen Durchschnitten finden
▶ Schulbuch, Seite 32–33

Mittelwerte im Alltag

1 In den 30 Jahren von 1871 bis 1900 gab es bei uns (Alpennordseite) durchschnittlich weniger Unwetter mit starkem Regen als 100 Jahre später, von 1971 bis 2000. Das hat unter anderem mit Klimaveränderungen zu tun.

Durchschnittliche Anzahl Unwetter mit starkem Regen

Monat	Jan.	Febr.	März	April	Mai	Juni	Juli	Aug.	Sept.	Okt.	Nov.	Dez.
1871–1900	2	2	4	3	6	22	12	15	17	12	4	5
1971–2000	4	4	3	9	14	19	22	19	18	5	8	4

A Wie viele Unwetter gab es insgesamt in den Jahren von 1871 bis 1900?

104

B Wie viele Unwetter gab es insgesamt in den Jahren von 1971 bis 2000?

129

2 Ferienorte werben oft mit der durchschnittlichen Sonnenscheindauer.

Monat 2008	Jan.	Febr.	März	April	Mai	Juni	Juli	Aug.	Sept.	Okt.	Nov.	Dez.
Sonnenschein (in Stunden)	43	89	221	209	168	294	255	297	215	93	90	70
Durchschnittliche Sonnenscheindauer pro Tag (gerundet auf Stunden)	1	3	7	7	5	10	8	10	7	3	3	2
Berechne die durchschnittliche Sonnenscheindauer pro Tag (gerundet auf Minuten)	83	184	428	418	325	588	494	575	430	180	180	135

A In welchem Monat gab es am meisten Sonnenschein?   August
B In welchem Monat gab es am wenigsten Sonnenschein?   Januar
C Berechne für die Tabelle die fehlenden Zahlen.

3 In den ersten 5 Tagen des Monats März gab es in Beromünster durchschnittlich 6,24 mm Niederschläge pro Tag.

A Wie könnte das gewesen sein? Schreibe 3 Möglichkeiten über den Wetterverlauf dieser 5 Tage.

z. B.

1 Tag mit 31,2 mm
2 Tage mit je 15,6 mm
3 Tage mit 10 mm, 10 mm und 11,2 mm

B Am 2. März fiel mit 13,8 mm am meisten Regen. Wie könnte es an den anderen 4 Tagen gewesen sein?

z. B.

3. und 4. März: je 8,7 mm
1. und 5. März: kein Regen

Grössen und Komma

...	T	H	Z	E	z	h	t	...
...	1000	100	10	1	0,1	0,01	0,001	...

1 Zeige mit dem Grössenschieber und schreibe auf verschiedene Arten.

Mögliche Lösungen

A
12,3 l = 123 dl = 0,123 hl = 12 l 3 dl = 12 300 ml
123,0 l = 1 230 dl = 1,23 hl = 123 l = 123 000 ml
1,23 l = 12,3 dl = 0,0123 hl = 1 l 23 cl = 1 230 ml
0,123 l = 1,23 dl = 0,00123 hl = 123 ml

B
0,002 t = 2 kg = 2 000 g
0,024 t = 24 kg = 24 000 g
0,246 t = 246 kg = 246 000 g
2,468 t = 2 t 468 kg = 2 468 kg

C
1,357 kg = 1 kg 357 g = 1 357 g
13,570 kg = 13 kg 570 g = 13 570 g
135,700 kg = 135 kg 700 g = 135 700 g = 135,7 kg
1357,000 kg = 1 t 357 kg = 1 357 kg = 1,357 t

D
22,44 hl = 2 244 l = 22 440 dl
2,24 hl = 224 l = 2 240 dl
0,22 hl = 22 l = 220 dl
0,02 hl = 2 l = 20 dl = 2 000 ml

2 Zeige mit dem Grössenschieber und schreibe mit Komma.

A
45 l 6 dl = 45,6 l
45 l 6 ml = 45,006 l
45 hl 6 l = 45,06 hl
45 hl 60 l = 45,60 hl

B
13 kg 500 g = 13,500 kg
13 kg 50 g = 13,050 kg
13 kg 5 g = 13,005 kg
1 350 kg = 1 350,0 kg = 1,350 t

C
333 m 3 dm = 333,3 m
333 m 3 cm = 333,03 m
333 m 3 mm = 333,003 m
333 m 33 cm = 333,33 m

D
9 km 450 m = 9,450 km
9 km 45 m = 9,045 km
94 km 5 m = 94,005 km
94 km 50 m = 94,050 km

1–2 Grössenschieber für Schreibweise mit Komma verwenden
▶ Schulbuch, Seite 34–35

3 Schreibe in km und m und mit Komma.

A 1379 m = 1 km 379 m = 1,379 km
2468 m = 2 km 468 m = 2,468 km
3557 m = 3 km 557 m = 3,557 km
4646 m = 4 km 646 m = 4,646 km
735 m = 0 km 735 m = 0,735 km

Schreibe in t und kg und mit Komma.

B 9150 kg = 9 t 150 kg = 9,150 t
8250 kg = 8 t 250 kg = 8,250 t
7350 kg = 7 t 350 kg = 7,350 t
6450 kg = 6 t 450 kg = 6,450 t
550 kg = 0 t 550 kg = 0,550 t

4 Schreibe mit Komma.

A 135790 m = 135,790 km
13579 m = 13,579 km
1357 m = 1,357 km
135 m = 0,135 km
13 m = 0,013 km
1 m = 0,001 km

Schreibe mit Komma.

B 987654 kg = 987,654 t
98765 kg = 98,765 t
9876 kg = 9,876 t
987 kg = 0,987 t
98 kg = 0,098 t
9 kg = 0,009 t

5 Rechne in eine sinnvolle Einheit um.

A 980000 m = 980 km   0,06 km = 60 m   0,005 kg = 5 g
B 3500 ml = 3,5 l   0,005 l = 5 ml   2500 mm = 2,5 m
C 56000 kg = 56 t   450 cl = 4,5 l   0,003 t = 3 kg

6 Zwei Paare gehören jeweils zusammen, eine Zahl fällt aus dem Rahmen.

A 5,004 kg | 5 kg 40 g | 5004 g | 5,040 kg | ~~5,400 kg~~
B 163 l | 1630 ml | 1,63 l | 1,63 hl | ~~16,3 l~~
C ~~134,5 m~~ | 134,5 cm | 1,345 km | 1345 mm | 1345 m

D Erklärt einander, wie ihr vorgegangen seid.

7 Ordne jeweils der Grösse nach. Beginne mit dem kleinsten Wert.

3-7 Grössen auf verschiedene Arten schreiben, Grössen ordnen
▶ Schulbuch, Seite 34–35

Rechnen mit Komma

Falls du zu wenig Platz zum Ausrechnen hast, nimm ein Blatt und klebe es hier ein.

Hinweis zu den Aufgaben 1 bis 6: Berechne die Lösungen. In jedem «Bigeli» passt jeweils ein Resultat nicht zu den übrigen. Unterstreiche dieses.

1
12,84 hl + 8,89 hl = 21,73 hl
12,04 hl + 7,69 hl = 19,73 hl
11,11 hl + 6,62 hl = 17,73 hl
13,35 hl + 2,38 hl = 15,73 hl
9,99 hl + 3,84 hl = 13,83 hl ←
6,83 hl + 4,90 hl = 11,73 hl

2
7,67 m + 26,87 m = 34,54
16,69 m + 27,85 m = 44,54
8,09 m + 46,45 m = 54,54
49,97 m + 14,67 m = 64,64 ←
9,98 m + 64,56 m = 74,54
45,45 m + 39,09 m = 84,54

3
19,652 kg + 23,471 kg = 43,123 kg
29,553 kg + 23,671 kg = 53,224 kg
39,454 kg + 23,871 kg = 63,325 kg
49,355 kg + 24,071 kg = 73,426 kg
59,256 kg + 23,871 kg = 83,127 kg ←
69,157 kg + 24,471 kg = 93,628 kg

4
99,14 l − 61,16 l = 37,98
99,03 l − 51,15 l = 47,88
98,92 l − 41,14 l = 57,78
98,81 l − 31,31 l = 67,50 ←
98,70 l − 21,12 l = 77,58
98,59 l − 11,11 l = 87,48

5
987,654 km − 975,309 km = 12,345 km
876,549 km − 853,093 km = 23,456 km
765,498 km − 730,931 km = 34,567 km
654,987 km − 609,309 km = 45,678 km
549,876 km − 493,097 km = 56,779 km ←
498,765 km − 430,875 km = 67,890 km

6
320,320 t − 230,230 t = 90,090 t
430,430 t − 340,340 t = 90,090 t
540,540 t − 450,450 t = 90,090 t
650,650 t − 500,560 t = 150,090 t ←
760,760 t − 670,670 t = 90,090 t
870,870 t − 780,780 t = 90,090 t

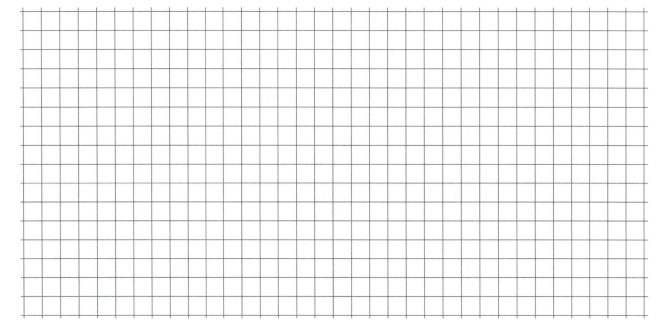

7 Addiere zur Startzahl 64,650 km und subtrahiere von der Startzahl 64,605 km.
Berechne dann den Unterschied der beiden Ergebnisse.

Startzahlen

A 5 400,500 km   B 540,050 km   C 450,005 km   D 405,050 km

A 5465,150 km   5335,895 km   129,255 km

B 604,700 km   475,445 km   129,255 km

C 514,655 km   385,400 km   129,255 km

D 469,700 km   340,445 km   129,255 km

8
3,906 kg : 3 = **1,302 kg**
39,060 kg : 30 = **1,302 kg**
390,600 kg : 30 = **13,02 kg**
429,660 kg : 33 = **13,02 kg**
390,600 kg : 3 = **130,2 kg**
4 296,600 kg : 33 = **130,2 kg**

9
56 471,520 km : 7 = **8 067,36 km**
8 067,360 km : 7 = **1152,48 km**
1152,480 km : 7 = **164,64 km**
164,640 km : 7 = **23,52 km**
23,520 km : 7 = **3,36 km**
3,360 km : 7 = **0,48 km**

10
1,234 t : 2 = **0,617 t**
24,680 t : 4 = **6,17 t**
370,200 t : 6 = **61,7 t**
1,851 t : 3 = **0,617 t**
37,020 t : 6 = **6,17 t**
555,300 t : 9 = **61,7 t**

11
2 · 93,960 km = **187,92 km**
4 · 46,980 km = **187,92 km**
6 · 31,320 km = **187,92 km**
8 · 23,490 km = **187,92 km**
10 · 18,792 km = **187,92 km**
20 · 9,396 km = **187,92 km**

12
4 · 30,85 m = **123,4 m**
5 · 46,90 m = **234,5 m**
6 · 57,60 m = **345,6 m**
10 · 45,67 m = **456,7 m**
4 · 41,95 m = **167,8 m**
3 · 226,30 m = **678,9 m**

13
2 · 2980,80 l = **5961,6 l**
4 · 1490,40 l = **5961,6 l**
6 · 993,60 l = **5961,6 l**
8 · 632,70 l = **5061,6 l**
3 · 1987,20 l = **5961,6 l**
9 · 662,40 l = **5961,6 l**

7 Grössen mit Komma addieren und subtrahieren
8–13 Grössen mit Komma dividieren und multiplizieren
▶ Schulbuch, Seite 36–37

Knoten

Hier siehst du einen Knoten mit drei Kreuzungen. Untersuche nun die folgenden Knoten:

A Bilde sie mit Schnur nach.
B Welches sind richtige Knoten?
C Zeichne sie ab.
D Wie viele Kreuzungen haben die Knoten?
E Kannst du durch Umlegen von Schnurteilen die Anzahl Kreuzungen verkleinern? Wie viele Kreuzungen hast du nun?
F Wähle einen Knoten aus. Schau ihn dir genau an und zeichne ihn auswendig.

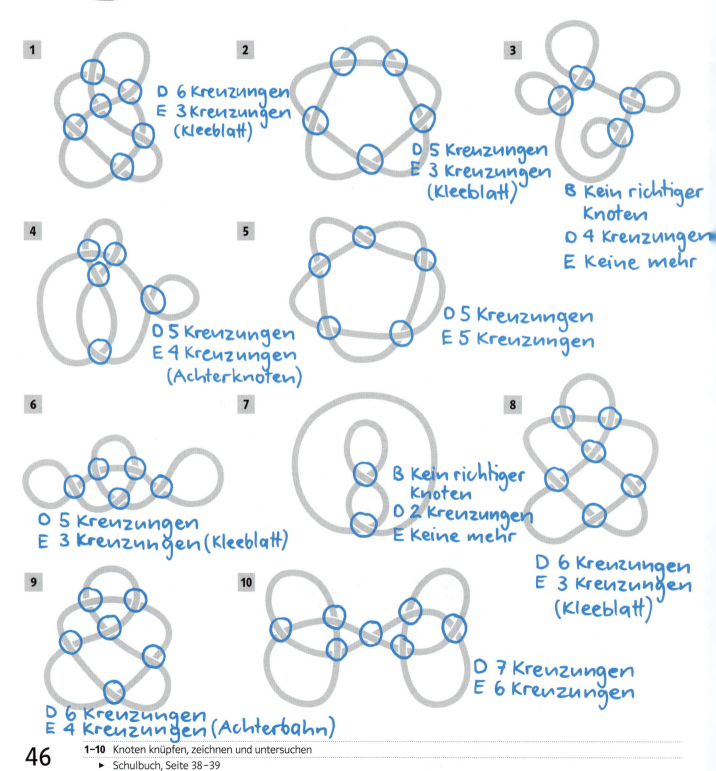

1–10 Knoten knüpfen, zeichnen und untersuchen
▶ Schulbuch, Seite 38–39

Anteile als Brüche – Brüche als Anteile

1 Bestimme den Anteil der grünen Punkte und beschreibe ihn auf verschiedene Arten.

Beispiel:

25 P. von 100 sind grün.
$\frac{25}{100}$ sind grün.
25 ist $\frac{1}{4}$ von 100.

A
20 von 100 sind grün.
$\frac{20}{100}$ sind grün
20 ist $\frac{1}{5}$ von 100.

B
10 von 100 sind grün.
$\frac{10}{100}$ sind grün.
10 ist $\frac{1}{10}$ von 100.

C
5 von 100 sind grün.
$\frac{5}{100}$ sind grün.
5 ist $\frac{1}{20}$ von 100.

D
15 von 100 sind grün.
$\frac{15}{100}$ sind grün.
15 ist $\frac{3}{20}$ von 100.

E
30 von 100 sind grün.
$\frac{30}{100}$ sind grün.
30 ist $\frac{3}{10}$ von 100.

F
60 von 100 sind grün.
$\frac{60}{100}$ sind grün.
60 ist $\frac{3}{5}$ von 100.

G
75 von 100 sind grün.
$\frac{75}{100}$ sind grün.
75 ist $\frac{3}{4}$ von 100.

H
43 von 100 sind grün.
$\frac{43}{100}$ sind grün.

2 Erfinde selber Aufgaben. Färbe eine bestimmte Anzahl Punkte im Hunderterfeld. Notiere den Anteil der gefärbten Punkte wie bei Aufgabe 1.

A z.B.
4 von 100 sind blau.
$\frac{4}{100}$ sind blau.
4 ist $\frac{1}{25}$ von 100.

B z.B.
24 von 100 sind blau.
$\frac{24}{100}$ sind blau.
24 ist $\frac{6}{25}$ von 100.

1–2 Anteile am Hunderterfeld mit Brüchen beschreiben
▶ Schulbuch, Seite 42–43

3 Gib die Anzahl der grünen Plättchen mit einem Bruch an.

Beispiel:

6 P. von 24 sind grün.
$\frac{6}{24}$ sind grün.
6 ist $\frac{1}{4}$ von 24.

A 4 von 24 sind g..
$\frac{4}{24}$ sind grün.
4 ist $\frac{1}{6}$ von 24.

B 8 von 24 sind g..
$\frac{8}{24}$ sind grün.
8 ist $\frac{1}{3}$ von 24.

C 12 von 24 sind g..
$\frac{12}{24}$ sind grün.
12 ist $\frac{1}{2}$ von 24.

D 16 von 24 sind g..
$\frac{16}{24}$ sind grün.
16 ist $\frac{2}{3}$ von 24.

E 18 von 24 sind g..
$\frac{18}{24}$ sind grün.
18 ist $\frac{3}{4}$ von 24.

F 20 von 24 sind g..
$\frac{20}{24}$ sind grün.
20 ist $\frac{5}{6}$ von 24.

G 10 von 24 sind g..
$\frac{10}{24}$ sind grün.
10 ist $\frac{5}{12}$ von 24.

4 Gib mit einem Bruch an.

A 4 von 12 = $\frac{4}{12}$ ($\frac{1}{3}$)
4 von 24 = $\frac{4}{24}$ ($\frac{1}{6}$)
4 von 48 = $\frac{4}{48}$ ($\frac{1}{12}$)

B 3 von 15 = $\frac{3}{15}$ ($\frac{1}{5}$)
6 von 30 = $\frac{6}{30}$ ($\frac{1}{5}$)
12 von 60 = $\frac{12}{60}$ ($\frac{1}{5}$)

C 5 von 15 = $\frac{5}{15}$ ($\frac{1}{3}$)
6 von 18 = $\frac{6}{18}$ ($\frac{1}{3}$)
7 von 21 = $\frac{7}{21}$ ($\frac{1}{3}$)

D 10 von 100 = $\frac{10}{100}$ ($\frac{1}{10}$)
20 von 100 = $\frac{20}{100}$ ($\frac{2}{10}$)
30 von 100 = $\frac{30}{100}$ ($\frac{3}{10}$)

5 A 24 von 48 = $\frac{24}{48}$ ($\frac{1}{2}$)
12 von 48 = $\frac{12}{48}$ ($\frac{1}{4}$)
8 von 48 = $\frac{8}{48}$ ($\frac{1}{6}$)
6 von 48 = $\frac{6}{48}$ ($\frac{1}{8}$)

4 von 48 = $\frac{4}{48}$ ($\frac{1}{12}$)
3 von 48 = $\frac{3}{48}$ ($\frac{1}{16}$)
2 von 48 = $\frac{2}{48}$ ($\frac{1}{24}$)
1 von 48 = $\frac{1}{48}$

B 50 von 100 = $\frac{50}{100}$ ($\frac{1}{2}$)
25 von 75 = $\frac{25}{75}$ ($\frac{1}{3}$)
15 von 60 = $\frac{15}{60}$ ($\frac{1}{4}$)
9 von 45 = $\frac{9}{45}$ ($\frac{1}{5}$)

7 von 42 = $\frac{7}{42}$ ($\frac{1}{6}$)
5 von 35 = $\frac{5}{35}$ ($\frac{1}{7}$)
4 von 32 = $\frac{4}{32}$ ($\frac{1}{8}$)
3 von 27 = $\frac{3}{27}$ ($\frac{1}{9}$)

6 Erfinde selber Aufgaben. Arbeite mit dem Blatt Hunderterfeld (Kopiervorlage).
Markiere ein Feld, zum Beispiel 8 · 8 Plättchen.

Färbe in diesem Feld einige Plättchen grün. Bestimme den Bruchteil für die grünen Plättchen.

Halte deine Erfindungen in einer Tabelle fest.

z.B.

Grösse des Feldes	64	48	80	60
grüne Plättchen	16	16	16	6
Anteil (... von ...)	16 von 64	16 von 48	16 von 80	6 von 60
Bruch	$\frac{1}{4}$ von 64	$\frac{1}{3}$ von 48	$\frac{1}{5}$ von 80	$\frac{1}{10}$ von 60

48   3–6 Anteile mit Brüchen beschreiben
▶ Schulbuch, Seite 42–43

Gleicher Bruchteil – andere Form

1 Beschreibe den günen Anteil mit einem Bruch.

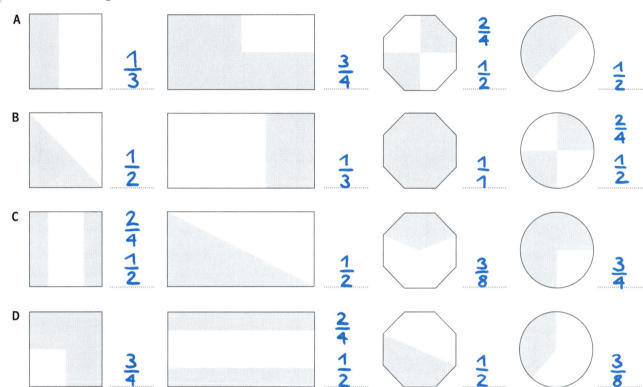

2 Beschreibe den grünen Anteil mit einem Bruch.

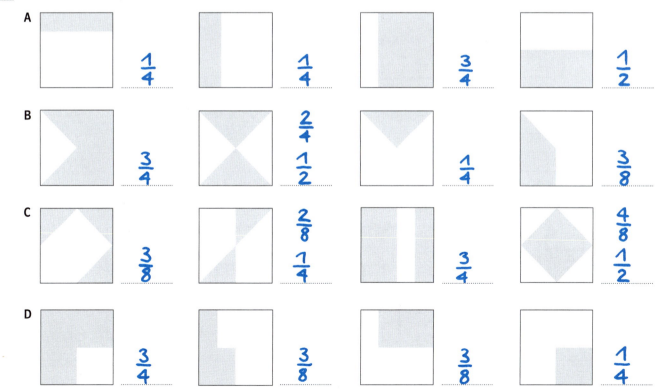

1–2 Farbanteile von Flächen bestimmen und mit Brüchen beschreiben
▶ Schulbuch, Seite 44–45

3 Wie könnte das Ganze aussehen? Zeichne eine Möglichkeit.

Mögliche Lösungen

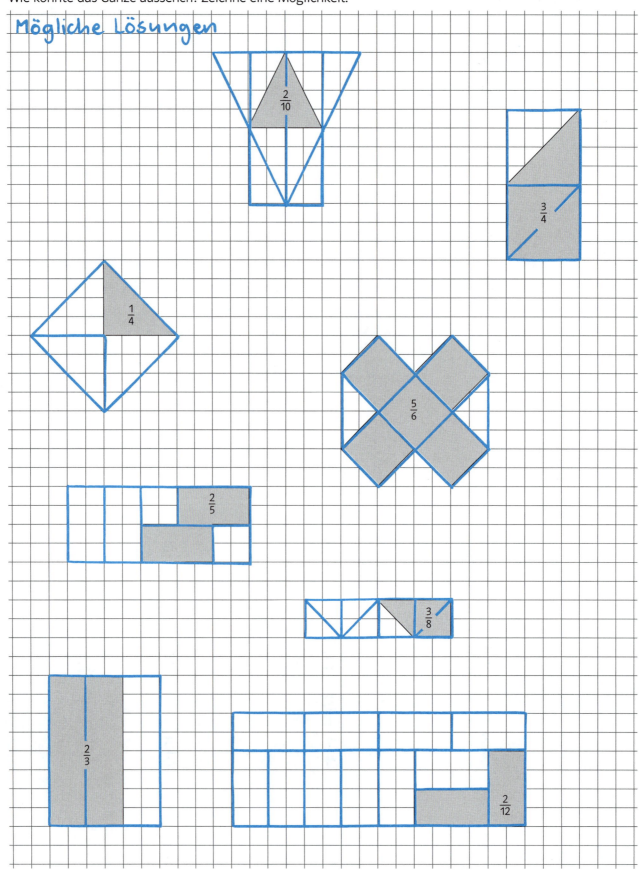

Modelle für Brüche 1

1 Bestimme mit der Zeichenuhr die Grösse der einzelnen Bruchteile.

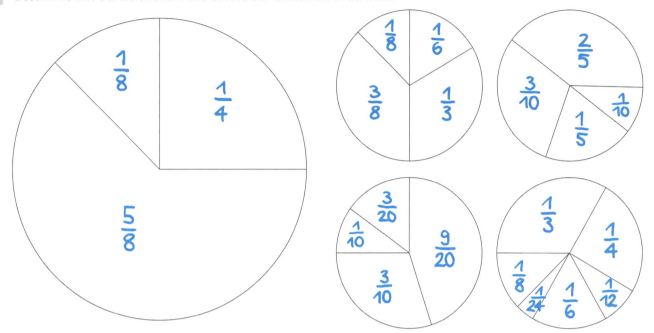

2 Jede Figur stellt ein Ganzes dar. Welcher Bruchteil der ganzen Figur ist grün markiert?

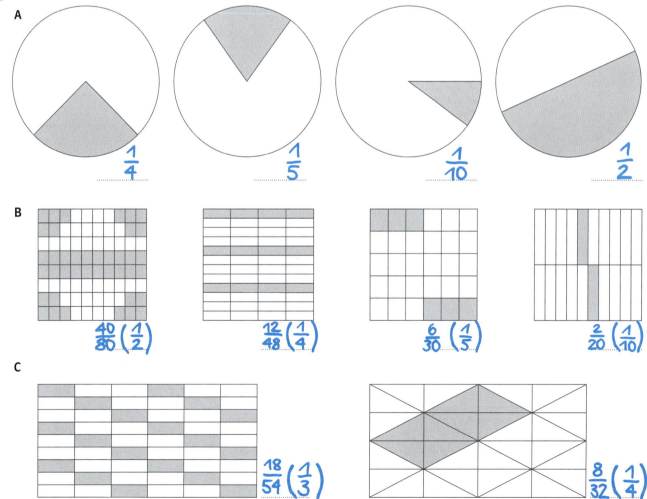

3 Stelle die angegebenen Brüche bildlich dar. **Mögliche Lösungen**

A $\frac{2}{3}$

B $\frac{3}{4}$

C $\frac{4}{5}$

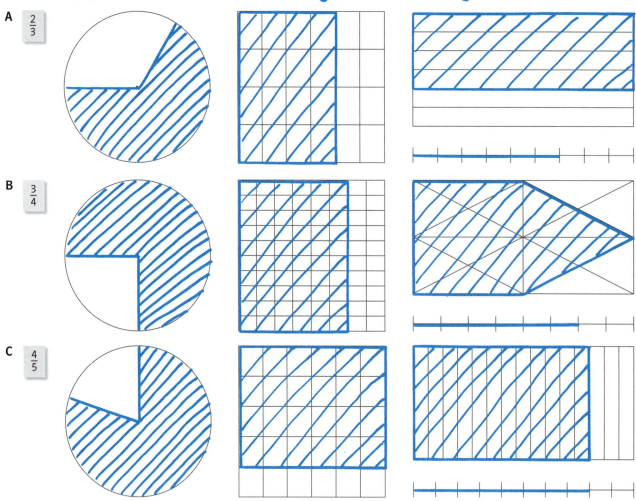

4 Stelle die Bruchteile in den Hunderterquadraten dar. **Mögliche Lösungen**

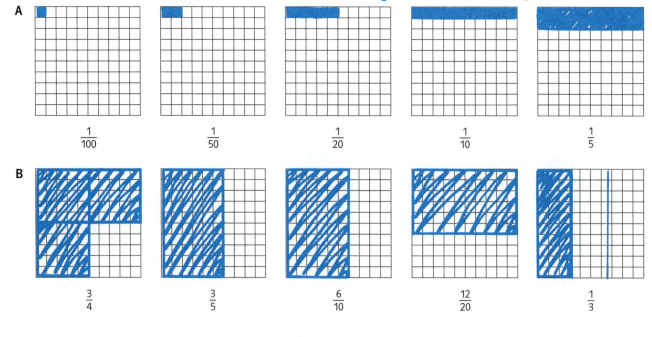

A $\frac{1}{100}$ $\frac{1}{50}$ $\frac{1}{20}$ $\frac{1}{10}$ $\frac{1}{5}$

B $\frac{3}{4}$ $\frac{3}{5}$ $\frac{6}{10}$ $\frac{12}{20}$ $\frac{1}{3}$

3–4 Bruchteile in Flächenmodellen veranschaulichen
▶ Schulbuch, Seite 46–47

5 Stelle die Bruchteile dar.

Mögliche Lösungen

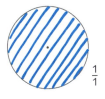   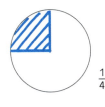

$\frac{1}{1}$ $\frac{1}{2}$ $\frac{1}{3}$ $\frac{1}{4}$

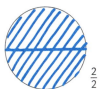   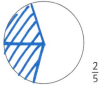

$\frac{2}{2}$ $\frac{2}{3}$ $\frac{2}{4}$ $\frac{2}{5}$

 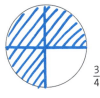  

$\frac{3}{3}$ $\frac{3}{4}$ $\frac{3}{5}$ $\frac{3}{6}$

 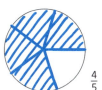  

$\frac{4}{4}$ $\frac{4}{5}$ $\frac{4}{6}$ $\frac{4}{7}$

6 $\frac{1}{4}$ $\frac{1}{5}$ $\frac{1}{8}$ $\frac{1}{10}$ $\frac{2}{4}$ $\frac{2}{5}$ $\frac{2}{8}$ $\frac{2}{10}$

$\frac{3}{4}$ $\frac{3}{5}$ $\frac{3}{8}$ $\frac{3}{10}$ $\frac{4}{4}$ $\frac{4}{5}$ $\frac{4}{8}$ $\frac{4}{10}$

Wähle einen Bruchteil aus.
Stelle ihn mit den folgenden Modellen dar:

- **A** Kreismodell: Mit Bruchteilen legen und mit der Zeichenuhr zeichnen
- **B** Rechteckmodell: Auf unlinitertes Papier skizzieren
- **C** Streckenmodell: Mit Plättchen legen und zeichnen
- **D** Streckenmodell: Strecken zeichnen
- **E** Grössenmodell (z.B. $\frac{1}{2}$ m = 500 mm)

7 Wähle bei Aufgabe 6 andere Bruchteile aus und stelle sie jeweils mit den verschiedenen Bruchmodellen dar.

---

5 Bruchteil im Kreismodell veranschaulichen
6–7 Bruchteile mit verschiedenen Modellen veranschaulichen
▸ Schulbuch, Seite 46–47

Vergrössern und verkleinern

1 A Miss zuerst die Längen auf dem Plan und trage sie in die Tabelle ein.

B Ergänze anschliessend die Tabelle mit den Längen in Wirklichkeit.

	Auf dem Plan	In Wirklichkeit
Breite des Zimmers	7 cm	3,5 m
Länge des Zimmers	8 cm	4 m
Breite des Bettes	2,4 cm	1,2 m
Breite der Türe	2 cm	1 m
Tiefe des Schranks	1,5 cm	75 cm
Durchmesser des Tisches	2 cm	1 m

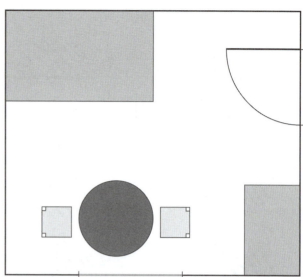

Massstab 1 : 50

2 A Vergrössere im Massstab 3 : 1.

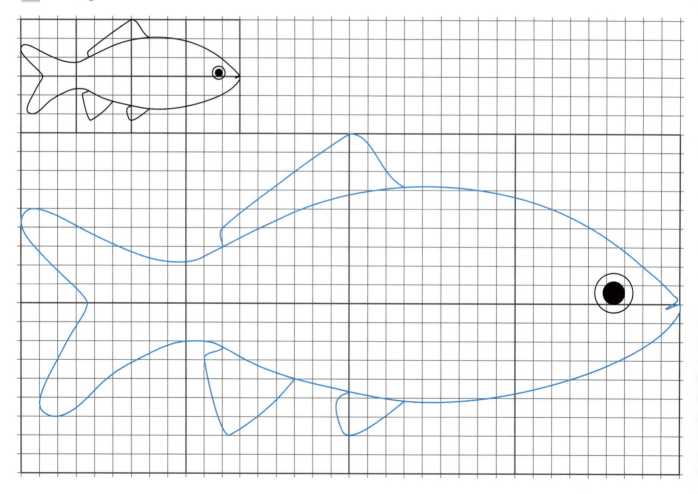

1 Längen auf Plan mit vorgegebenem Massstab messen, wirkliche Längen berechnen
2 Zeichnung nach vorgegebenem Massstab vergrössern oder verkleinern
▶ Schulbuch, Seite 52–53

B Verkleinere im Massstab 1 : 3.

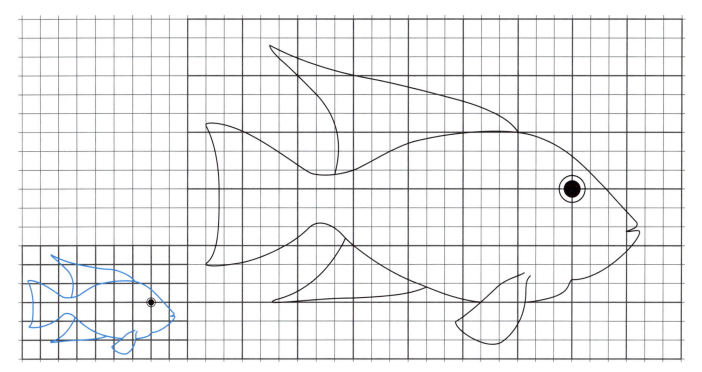

3 Ergänze die fehlenden Angaben.

Fisch	Regenbogenforelle	Haiwels	Schwarzer Neonfisch	Borneobarbe
Länge in Wirklichkeit	84 cm	120 cm	4 cm	7 cm
Länge auf dem Bild	7 cm	6 cm	8 cm	7 cm
Massstab	1 : 12	1 : 20	2 : 1	1 : 1

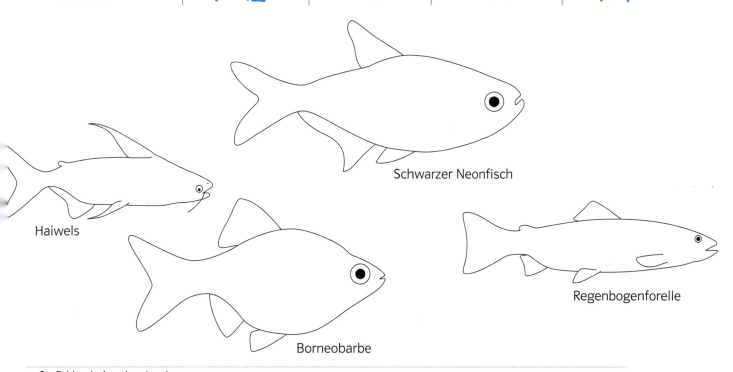

3 Fehlende Angaben bestimmen
▶ Schulbuch, Seite 52–53

Preistabellen – Preisberechnungen

1 Ergänze die folgenden Preistabellen.

A Geschenk-Kordel

Länge	Preis Fr.
1 m	1.50
2 m	3.–
3 m	4.50
4 m	6.–
5 m	7.50
10 m	15.–
12 m	18.–

B Malpinsel

Anzahl	Preis Fr.
1	4.45
2	8.90
3	13.35
4	17.80
5	22.25
8	35.60
12	53.40

C Bastelschere

Anzahl	Preis Fr.
1	8.45
2	16.90
3	25.35
4	33.80
5	42.25
9	76.05
15	126.75

2 Für die meisten Guetsli braucht man Mehl. Die in den Tabellen bereits eingetragenen Zahlen stehen in einem Guetsli-Backbuch. Ergänze die Tabellen.

A Spitzbuben

Stück	10	20	30	40	50	60	70	80	90	100
Mehl g	70	140	210	280	350	420	490	560	630	700

B Baumnussguetsli

Stück	10	20	30	40	50	60	70	80	90	100
Mehl g	15	30	45	60	75	90	105	120	135	150

C Aprikosenknöpfe (das Rezept mit 300 g Mehl ergibt 75 Stück)

Stück	5	15	25	35	45	55	65	75	100	150
Mehl g	20	60	100	140	180	220	260	300	400	600

3 1 kg Mehl kostet 1 Fr. Was kostet das Mehl für 100 Guetsli (s. Aufgabe 2)?

	Spitzbuben	Baumnussguetsli	Aprikosenknöpfe
Mehl für 100 Guetsli	700 g	150 g	400 g
Preis für Mehl Fr.	0.70	0.15	0.40

4 Zum Backen braucht es auch Eier. 6 Eier kosten Fr. 4.20.

Anzahl Eier	1	6	10	20	30	50	100
Preis Fr.	0.70	4.20	7.–	14.–	21.–	35.–	70.–

1–4 Proportionalitätstabellen ergänzen
▶ Schulbuch, Seite 54–55

Bäume wachsen (Runden)

1 Wer viel Holz kauft, vergleicht die Preise. Der Preis von Holz hängt ab von der Jahreszeit und vom Ort. In der Tabelle findest du die Preise von Fichtenholz.

Preise für Fichtenholz

Sortimente	Sommer 2001 Fr./m³	Sommer 2002 Fr./m³	Sommer 2003 Fr./m³	Sommer 2004 Fr./m³	Sommer 2005 Fr./m³
Schweiz	68.29	71.77	74.13	71.14	72.22
Jura	77.56	65.69	71.31	67.32	73.10
Mittelland	71.33	76.06	76.27	72.98	76.13
Voralpen	57.87	71.10	72.29	71.77	70.73
Alpen	69.49	73.04	75.87	72.95	71.47

Schreibe die gerundeten Zahlen in die untere Tabelle.

Sortimente	Runde auf…	Sommer 2001 Fr./m³	Sommer 2002 Fr./m³	Sommer 2003 Fr./m³	Sommer 2004 Fr./m³	Sommer 2005 Fr./m³
Schweiz	5 Rp.	68.30	71.75	74.15	71.15	72.20
Jura	10 Rp.	77.60	65.70	71.30	67.30	73.10
Mittelland	50 Rp.	71.50	76.–	76.50	73.–	76.–
Voralpen	1 Fr.	58.–	71.–	72.–	72.–	71.–
Alpen	5 Fr.	70.–	75.–	75.–	75.–	70.–

2 In der Schweiz arbeitet man in vielen Berufen mit Holz. Runde die Zahlen in der Tabelle auf 10 und auf 100.

	Anzahl Personen	Gerundet auf 10	Gerundet auf 100
Möbelherstellung	13 313	13 310	13 300
Herstellung von Papier, Karton und Pappe	2 276	2 280	2 300
Innenausbau	4 585	4 590	4 600
Herstellung von Fenstern und Türen	5 562	5 560	5 600
Dachdecker	3 678	3 680	3 700
Parkettverleger	600	600	600
Holzhandel	2 979	2 980	3 000
Bauschreiner	908	910	900

Runden bei Grössen

3 Runde auf 1 Franken genau.

4444.40 Fr. ≈ **4 444.– Fr.**	5 555.50 Fr. ≈ **5 556.– Fr.**	4 646.40 Fr. ≈ **4 646.– Fr.**	1234.50 Fr. ≈ **1 235.– Fr.**
444.40 Fr. ≈ **444.– Fr.**	555.50 Fr. ≈ **556.– Fr.**	464.60 Fr. ≈ **465.– Fr.**	123.40 Fr. ≈ **123.– Fr.**
44.40 Fr. ≈ **44.– Fr.**	55.50 Fr. ≈ **56.– Fr.**	46.40 Fr. ≈ **46.– Fr.**	12.30 Fr. ≈ **12.– Fr.**
4.40 Fr. ≈ **4.– Fr.**	5.50 Fr. ≈ **6.– Fr.**	4.60 Fr. ≈ **5.– Fr.**	1.20 Fr. ≈ **1.– Fr.**

4 Runde auf 10 dm genau.

4 444,4 dm ≈ **4 440 dm**	5 555,5 dm ≈ **5 560 dm**	4 646,4 dm ≈ **4 650 dm**	1234,5 dm ≈ **1 230 dm**
444,4 dm ≈ **440 dm**	555,5 dm ≈ **560 dm**	464,6 dm ≈ **460 dm**	123,4 dm ≈ **120 dm**
44,4 dm ≈ **40 dm**	55,5 dm ≈ **60 dm**	46,4 dm ≈ **50 dm**	12,3 dm ≈ **10 dm**
4,4 dm ≈ **0 dm**	5,5 dm ≈ **10 dm**	4,6 dm ≈ **0 dm**	1,2 dm ≈ **0 dm**

5 Runde auf 100 l genau.

4 444,4 l ≈ **4 400 l**	5 555,5 l ≈ **5 600 l**	4 646,4 l ≈ **4 600 l**	1234,5 l ≈ **1 200 l**
444,4 l ≈ **400 l**	555,5 l ≈ **600 l**	464,6 l ≈ **500 l**	123,4 l ≈ **100 l**
44,4 l ≈ **0 l**	55,5 l ≈ **100 l**	46,4 l ≈ **0 l**	12,3 l ≈ **0 l**
4,4 l ≈ **0 l**	5,5 l ≈ **0 l**	4,6 l ≈ **0 l**	1,2 l ≈ **0 l**

6 Runde auf 1000 kg genau.

4 444,400 kg ≈ **4 000 kg**	5 555,500 kg ≈ **6 000 kg**	4 646,400 kg ≈ **5 000 kg**	1234,500 kg ≈ **1 000 kg**
444,400 kg ≈ **0 kg**	555,500 kg ≈ **1 000 kg**	464,600 kg ≈ **0 kg**	123,400 kg ≈ **0 kg**
44,400 kg ≈ **0 kg**	55,500 kg ≈ **0 kg**	46,400 kg ≈ **0 kg**	12,300 kg ≈ **0 kg**

Runden im Sachrechnen

7 Runde die Einwohnerzahl der 18 grössten Schweizer Städte auf 1000 genau (Stand Ende 2007).

Stadt	Einwohner	Gerundet	Stadt	Einwohner	Gerundet
Zürich	380 189 ≈	**380 000**	Biel	50 852 ≈	**51 000**
Genf	185 726 ≈	**186 000**	Thun	42 319 ≈	**42 000**
Basel	163 521 ≈	**164 000**	Köniz	37 448 ≈	**37 000**
Bern	128 153 ≈	**128 000**	La Chaux-de-Fonds	37 023 ≈	**37 000**
Lausanne	119 180 ≈	**119 000**	Chur	35 253 ≈	**35 000**
Winterthur	95 943 ≈	**96 000**	Fribourg/Freiburg	33 836 ≈	**34 000**
St. Gallen	74 879 ≈	**75 000**	Schaffhausen	33 693 ≈	**34 000**
Luzern	58 381 ≈	**58 000**	Uster	30 614 ≈	**31 000**
Lugano	56 719 ≈	**57 000**	Sion/Sitten	28 871 ≈	**29 000**

3–6 Grössen runden
7 Einwohnerzahlen runden
▶ Schulbuch, Seite 56–57

8 Der Rhein ist zwar ein sehr langer Fluss, aber noch längst nicht der längste …

A Runde die Zahlen auf ganze Hunderter.

Amazonas (Südamerika)	6 513 km ≈	**6500 km**	Murray (Australien)	2 570 km ≈	**2600 km**
Donau (Europa)	2 850 km ≈	**2900 km**	Nil (Afrika)	6 324 km ≈	**6300 km**
Jangtsekiang (Asien)	5 632 km ≈	**5600 km**	Rhein (Europa)	1 360 km ≈	**1400 km**
Mississippi (Nordamerika)	6 051 km ≈	**6100 km**	Wolga (Europa)	3 694 km ≈	**3700 km**

B Trage die gerundeten Längen in das Balkendiagramm ein.

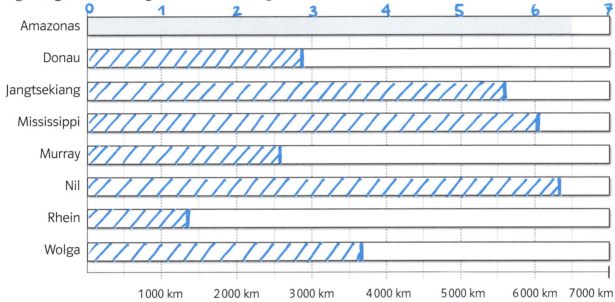

9 Runde die Umfänge der Planeten auf ganze Zehntausender.

Erde	40 075 km ≈	**40 000 km**
Merkur	15 349 km ≈	**20 000 km**
Venus	38 071 km ≈	**40 000 km**
Mars	21 320 km ≈	**20 000 km**
Jupiter	439 625 km ≈	**440 000 km**
Saturn	363 482 km ≈	**360 000 km**
Uranus	166 312 km ≈	**170 000 km**
Neptun	152 686 km ≈	**150 000 km**

10 Lies den Text «Der Weihnachtsbaum». Unterstreiche die gerundeten Zahlen.

Der Weihnachtsbaum

Im Tagebuch einer Bürgerin aus Strassburg von 1605 wird erstmals ein Weihnachtsbaum erwähnt. In der Schweiz werden jedes Jahr <u>1 Mio.</u> Weihnachtsbäume verkauft. Der Verkauf beginnt am 12. Dezember. $\frac{2}{3}$ aller Weihnachtsbäume sind Tannenarten, $\frac{1}{3}$ sind Fichtenarten. <u>70 %</u> aller in der Schweiz verkauften Bäume stammen aus dem Ausland, vorwiegend aus Dänemark. In Dänemark lassen <u>4 000</u> Produzenten <u>175 Mio.</u> Bäume wachsen. Eine Nordmannstanne braucht <u>10 Jahre</u>, bis sie ein Weihnachtsbaum ist. Für 1 Tanne, die geschlagen wird, werden <u>2–3</u> neue Pflänzchen gezüchtet. Felder mit heranwachsenden Weihnachtsbäumen produzieren pro Hektare im Verlauf von 10 Jahren <u>100 t</u> Sauerstoff.

---

8 Grössenangaben runden und grafisch darstellen
9 Grössen sinnvoll runden
10 Gerundete Zahlen und Grössen erkennen
▸ Schulbuch, Seite 56–57

Mit dem Schiff zum Meer

Du siehst unten die gleichen Texte und Tabellen wie im Schulbuch. Sie dienen dir zur Bearbeitung.
Wähle aus den folgenden Bearbeitungsvorschlägen aus.

Sachtexte verstehen
- ☐ Text gründlich lesen
- ☐ Wichtiges durch Anstreichen, Unterstreichen, Markieren hervorheben
- ☐ Unwichtige Wörter mit Bleistift durchstreichen
- ☐ Inhalt in eigenen Worten nacherzählen oder jemandem erzählen
- ☐ Inhalt nachspielen (Rollenspiel)
- ☐ Zeichnungen herstellen, skizzieren
- ☐ Daten auflisten, Tabellen erstellen

Mit Sachtexten rechnen
- ☐ Zusammengehörende Schlüsselinformationen umrahmen und verbinden (Cluster)
- ☐ Fragen stellen, die mit Hilfe der Informationen beantwortet werden können
- ☐ Rechenwege darstellen, z. B. mit Rechenbäumen
- ☐ Daten auflisten (Tabellen)
- ☐ Einfache oder gerundete Zahlen einsetzen
- ☐ Rechnungen überschlagen, Resultate abschätzen
- ☐ Berechnungen durchführen (im Kopf, halbschriftlich, schriftlich, mit dem Taschenrechner)
- ☐ Ergebnisse überprüfen
- ☐ Antworten formulieren und mit den Informationen aus dem Text überprüfen (Macht die Antwort Sinn?)

Alle Lösungen im Begleitband

In Rotterdam werden die Container auf ein Überseefrachtschiff verladen.

Einleitung

Grosse Meerschiffe bringen aus allen Kontinenten der Erde Fracht für die Schweiz nach Rotterdam. Hier wird die Ware auf kleinere Lastschiffe umgeladen. Diese Binnenschiffe fahren den Rhein hinauf bis nach Basel. Obwohl der Transport mit dem Schiff gegenüber dem Flugzeug, der Eisenbahn und dem Lastwagen länger dauert, hat die Schifffahrt einen grossen Vorteil: Sie ist viel umweltfreundlicher, weil ein Schiff nur wenig Energie verbraucht.

1 Rotterdam ist der grösste Hafen der Welt. Hier kommen täglich etwa 80 Hochseefrachter, 350 Frachtschiffe vom Rhein, 7000 Eisenbahnwagen und 9000 Lastwagen an, um Waren umzuladen.

2 Von Rotterdam bis Basel legen die Schiffe 830 km zurück. Die Dauer der Fahrt ist vom Wasserstand abhängig. Sie beträgt durchschnittlich 100 Stunden.

Von Basel nach Rotterdam ist das Schiff durchschnittlich 60 Stunden unterwegs.

3 2006 trafen über 7 600 000 Tonnen Ware in Basel ein: Nahrungsmittel, Brennstoffe, Erze, Steine, Düngemittel, Fahrzeuge und vieles andere mehr. Etwa 2 300 000 Tonnen werden mit Lastwagen weitertransportiert, 5 300 000 Tonnen mit der Eisenbahn. Ein Güterwagen der Bahn fasst 50 t und ist 19 m lang; ein Lastwagen mit Anhänger misst 18 m und kann 27 t Waren aufladen.

1–3 Aus Sachtexten über Rheinschifffahrt Informationen entnehmen und rechnerisch bearbeiten
▶ Schulbuch, Seite 58–59

4 Eine Maschinenfabrik aus Baden verkauft Maschinenteile nach Chile. Je 12 Teile werden in eine Kiste verpackt und zum Containerhafen in Basel gefahren. In einem Container haben 20 Kisten Platz. Ein solcher Container kann mit maximal 30 Tonnen beladen werden.

Das Güterschiff Alpina und das Schubboot Vela stehen im Rheinhafen bereit. Sie werden zusammengekoppelt und können zusammen 264 Container aufnehmen. Die Fracht ist für Rotterdam bestimmt, wo die Container auf ein Meerschiff umgeladen werden. Es fährt mit den Maschinenteilen nach Chile.

I MS Christoph Merian

5

Schiffsname	Baujahr	Länge	Breite	Tiefgang	Motoren	Besatzung	Fahrgäste
I Christoph Merian	1992	65,5 m	9,5 m	1,5 m	800 PS	3	600
II Swiss Crystal	1995	101,3 m	11,4 m	1,2 m	1500 PS	26	125
III Deutschland	1998	175,0 m	23,0 m	5,6 m	16750 PS	280	520

II Swiss Crystal

I MS Christoph Merian heisst eines von drei Ausflugsschiffen auf dem Basler Rhein; es verkehrt bis Rheinfelden.

II An Bord des Hotelschiffes Swiss Crystal kann man übernachten. 44 Hotelschiffe verkehren unter Schweizer Flagge zwischen Basel und Rotterdam und auf anderen Wasserstrassen Europas.

III Mit der «Deutschland» machen die Passagiere auf den Weltmeeren Kreuzfahrten.

III Deutschland

6 Der Rhein ist flussabwärts, von Konstanz bis Rotterdam, kilometriert; die Zahlen in der Zeichnung geben dir Auskunft. Die Zählung beginnt in Konstanz am Bodensee mit dem Kilometer 0. Köln zum Beispiel liegt 688 km von Konstanz entfernt. Die Kilometerzahlen sind auf Tafeln am Ufer vermerkt.

7 Hans Waibel ist einer von vier Schleusenwärtern in Birsfelden: «Wenn vier, fünf Schiffe aufs Mal kommen, muss ich die Schleusen einteilen. Bei einer Schleuse überwinden die Schiffe einen Höhenunterschied von ca. zehn Metern. Die alte Schleuse ist 180, die neue 190 Meter lang, beide sind 12 Meter breit. Wichtig ist deshalb vor allem die Länge eines Schiffes. Sie darf maximal 125, die Breite 11,45 Meter betragen.»

4–7 Aus Sachtexten über Rheinschifffahrt Informationen entnehmen und rechnerisch bearbeiten
▸ Schulbuch, Seite 58–59

Zirkel und Geodreieck

1 Nimm für jede Teilaufgabe ein unliniertes Blatt. Zeichne so genau wie möglich!

A Zeichne einen Kreis mit der grossen Zeichenuhr.

Markiere auf der Kreislinie 8 Punkte in regelmässigen Abständen.

Zeichne um jeden der 8 Punkte einen Kreis. Der Radius ist immer gleich, jedoch kleiner als beim ursprünglichen Kreis.

C Zeichne einen Kreis mit der kleinen Zeichenuhr.

Markiere auf der Kreislinie 8 Punkte in regelmässigen Abständen.

Zeichne um jeden der 8 Punkte einen Kreis. Der Radius ist immer gleich, jedoch diesmal grösser als beim ursprünglichen Kreis.

B Zeichne einen Kreis mit der grossen Zeichenuhr.

Markiere auf der Kreislinie 8 Punkte in regelmässigen Abständen.

Zeichne um jeden der 8 Punkte einen Kreis. Der Radius ist diesmal immer gleich gross wie beim ursprünglichen Kreis.

Mögliche Lösungen im Begleitband

2 Zeichne weitere, immer kleiner werdende Quadrate und Kreise.

Male Teile des Musters aus.

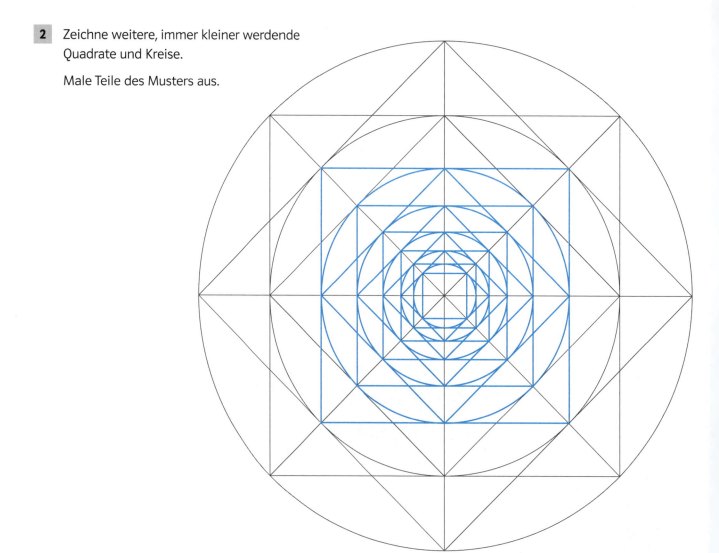

1–2 Nach Anleitung Muster mit Zeichenuhr, Zirkel und Geodreieck konstruieren
▶ Schulbuch, Seite 60–61

Bruchteile von Grössen

1 Schreibe ohne Bruch. Es gibt verschiedene Möglichkeiten. Beispiel: $\frac{1}{2}$ m = 50 cm = 0,5 m = …

A $\frac{3}{4}$ kg = 750 g = 0,75 kg
   $\frac{3}{5}$ kg = 600 g = 0,6 kg
   $\frac{3}{10}$ kg = 300 g = 0,3 kg
   $\frac{3}{100}$ kg = 30 g = 0,03 kg
   $\frac{3}{1000}$ kg = 3 g = 0,003 kg

B $\frac{3}{4}$ m = 75 cm = 0,75 m = 7,5 dm
   $\frac{3}{5}$ m = 60 cm = 0,6 m
   $\frac{3}{10}$ m = 30 cm = 0,3 m
   $\frac{3}{100}$ m = 3 cm = 0,03 m
   $\frac{3}{1000}$ m = 3 mm = 0,003 m

C $\frac{3}{4}$ t = 750 kg = 0,75 t
   $\frac{3}{5}$ t = 600 kg = 0,6 t
   $\frac{3}{10}$ t = 300 kg = 0,3 t
   $\frac{3}{100}$ t = 30 kg = 0,03 t
   $\frac{3}{1000}$ t = 3 kg = 0,003 t

D $\frac{3}{4}$ l = 750 ml = 0,75 l = 75 cl
   $\frac{3}{5}$ l = 600 ml = 0,6 l = 6 dl
   $\frac{3}{10}$ l = 300 ml = 0,3 l = 3 dl
   $\frac{3}{100}$ l = 30 ml = 0,03 l = 3 cl
   $\frac{3}{1000}$ l = 3 ml = 0,003 l

Weitere Lösungen möglich

2 Gib als Bruch oder Dezimalbruch an. Es gibt verschiedene Möglichkeiten. Beispiel: 25 cm = $\frac{1}{4}$ m = 0,25 m = …

A Meter
  5 cm = $\frac{1}{20}$ m = 0,05 m
  10 cm = $\frac{1}{10}$ m = 0,10 m
  20 cm = $\frac{1}{5}$ m = 0,20 m
  40 cm = $\frac{2}{5}$ m = 0,40 m
  80 cm = $\frac{4}{5}$ m = 0,80 m

B Kilogramm
  50 g = $\frac{1}{20}$ kg = 0,050 kg
  100 g = $\frac{1}{10}$ kg = 0,100 kg
  200 g = $\frac{1}{5}$ kg = 0,200 kg
  400 g = $\frac{2}{5}$ kg = 0,400 kg
  800 g = $\frac{4}{5}$ kg = 0,800 kg

C Liter
  5 ml = $\frac{1}{200}$ l = 0,005 l
  10 ml = $\frac{1}{100}$ l = 0,010 l
  20 ml = $\frac{1}{50}$ l = 0,020 l
  40 ml = $\frac{2}{50}$ l = 0,040 l
  80 ml = $\frac{4}{50}$ l = $\frac{2}{25}$ l = 0,080 l

Auch andere Brüche möglich

3 Schreibe mit Komma. Du kannst den Grössenschieber benutzen. Beispiel: 50 cm = 0,5 m.

A Meter
  1 dm = $\frac{1}{10}$ m = 0,1 m
  5 dm = $\frac{1}{2}$ m = 0,5 m
  1 cm = $\frac{1}{100}$ m = 0,01 m
  5 cm = $\frac{1}{20}$ m = 0,05 m
  1 mm = $\frac{1}{1000}$ m = 0,001 m
  5 mm = $\frac{1}{200}$ m = 0,005 m

B Kilogramm
  2 g = $\frac{1}{500}$ kg = 0,002 kg
  6 g = $\frac{3}{500}$ kg = 0,006 kg
  20 g = $\frac{1}{50}$ kg = 0,020 kg
  60 g = $\frac{3}{50}$ kg = 0,060 kg
  200 g = $\frac{1}{5}$ kg = 0,200 kg
  600 g = $\frac{3}{5}$ kg = 0,600 kg

C Liter
  3 dl = $\frac{3}{10}$ l = 0,3 l
  7 dl = $\frac{7}{10}$ l = 0,7 l
  3 cl = $\frac{3}{100}$ l = 0,03 l
  7 cl = $\frac{7}{100}$ l = 0,07 l
  3 ml = $\frac{3}{1000}$ l = 0,003 l
  7 ml = $\frac{7}{1000}$ l = 0,007 l

Auch andere Brüche möglich

4 Schreibe mit Komma. Du kannst den Grössenschieber benutzen.

A	Meter	B	Kilometer	C	Kilogramm
3 cm =	0,03 m	4 m =	0,004 km	5 g =	0,005 kg
32 cm =	0,32 m	43 m =	0,043 km	54 g =	0,054 kg
321 cm =	3,21 m	432 m =	0,432 km	543 g =	0,543 kg
3210 cm =	32,10 m	4321 m =	4,321 km	5432 g =	5,432 kg

5 Schreibe mit Komma. Du kannst den Grössenschieber benutzen.

A	Hektoliter	B	Liter	C	Liter
6 l =	0,06 hl	7 cl =	0,07 l	8 ml =	0,008 l
65 l =	0,65 hl	76 cl =	0,76 l	87 ml =	0,087 l
654 l =	6,54 hl	765 cl =	7,65 l	876 ml =	0,876 l
6543 l =	65,43 hl	7654 cl =	76,54 l	8765 ml =	8,765 l

6 Falls du noch mehr üben möchtest, kannst du die Aufgaben auf Kärtchen schreiben. Vorne die Aufgabe, hinten das Ergebnis. Wenn du die Kärtchen mischst, kannst du die Aufgaben in immer wieder anderer Reihenfolge üben.

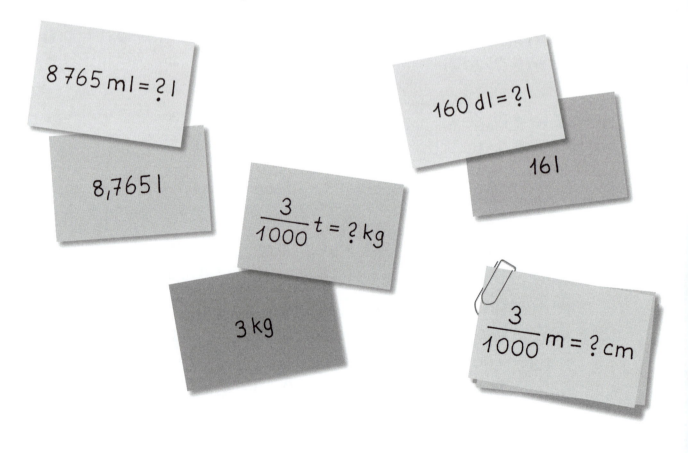

Modelle für Brüche 2

1 **A** Stelle die Brüche mit der Zeichenuhr dar.

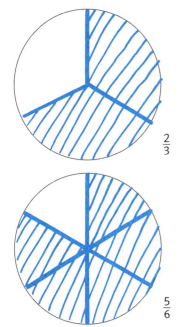
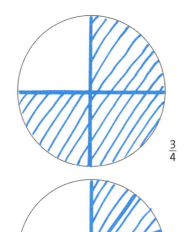
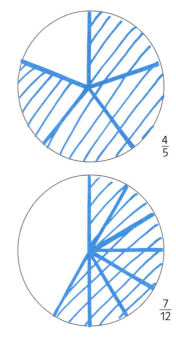

B Stelle die Brüche am Rechteckmodell dar.

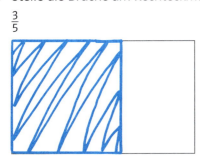
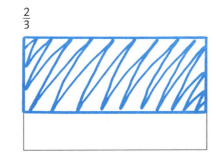
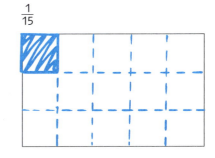

C Stelle die Brüche am Streckenmodell dar.

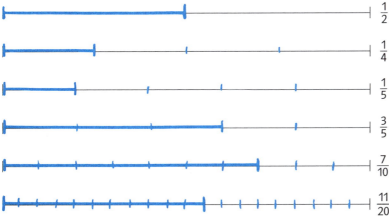

D Stelle die Brüche mit dem Grössenmodell dar.

Beispiel:

$\frac{1}{2}$ $\frac{1}{2}$ m = 50 cm $\frac{1}{2}$ min = 30 s $\frac{1}{2}$ t = 500 kg ...   **Mögliche Lösungen**

$\frac{3}{4}$ $\frac{3}{4}$ m = 75 cm $\frac{3}{4}$ min = 45 s $\frac{3}{4}$ t = 750 kg ...

$\frac{2}{5}$ $\frac{2}{5}$ m = 40 cm $\frac{2}{5}$ min = 24 s $\frac{2}{5}$ t = 400 kg ...

$\frac{3}{10}$ $\frac{3}{10}$ m = 30 cm $\frac{3}{10}$ min = 18 s $\frac{3}{10}$ t = 300 kg ...

$\frac{11}{22}$ $\frac{11}{22}$ m = $\frac{1}{2}$ m = 50 cm $\frac{11}{22}$ min = 30 s $\frac{11}{22}$ t = 500 kg ...

$\frac{2}{3}$ $\frac{2}{3}$ m ≈ 67 cm $\frac{2}{3}$ min = 40 s $\frac{2}{3}$ t ≈ 667 kg ...

$\frac{5}{6}$ $\frac{5}{6}$ m ≈ 83 cm $\frac{5}{6}$ min = 50 s $\frac{5}{6}$ t ≈ 833 kg ...

2   **A** Löse die Bruchrechnung mit Hilfe eines Modells. Zeige deinen Weg am Modell.
     B Wähle ein anderes Modell. Überprüfe damit das Ergebnis von A.

$\frac{1}{5} + \frac{1}{4}$	$\frac{1}{5} + \frac{3}{4}$	$\frac{2}{5} + \frac{1}{4}$	$\frac{2}{5} + \frac{2}{4}$	$\frac{2}{5} + \frac{3}{4}$
$\frac{9}{20}$	$\frac{19}{20}$	$\frac{13}{20}$	$\frac{18}{20}$	$\frac{23}{20}$

3   **A** Löse die Bruchrechnung mit Hilfe eines Modells. Zeige deinen Weg am Modell.
     B Wähle ein anderes Modell. Überprüfe damit das Ergebnis von A.

$\frac{1}{4} - \frac{1}{5}$	$\frac{1}{3} - \frac{1}{4}$	$\frac{2}{5} - \frac{1}{4}$	$\frac{2}{3} - \frac{7}{12}$	$\frac{11}{12} - \frac{1}{2}$
$\frac{1}{20}$	$\frac{1}{12}$	$\frac{3}{20}$	$\frac{1}{12}$	$\frac{5}{12}$

4   **A** Löse mit Hilfe eines Modells.

$\frac{1}{3} + \frac{1}{2}$	$\frac{1}{3} + \frac{1}{3}$	$\frac{1}{3} + \frac{1}{4}$	$\frac{1}{3} + \frac{1}{5}$	$\frac{1}{3} + \frac{1}{6}$
$\frac{5}{6}$	$\frac{2}{3}$	$\frac{7}{12}$	$\frac{8}{15}$	$\frac{3}{6}\left(\frac{1}{2}\right)$

     B Löse mit Hilfe eines Modells.

$\frac{2}{3} - \frac{1}{2}$	$\frac{3}{5} - \frac{1}{2}$	$\frac{5}{6} - \frac{1}{2}$	$\frac{5}{8} - \frac{1}{2}$	$\frac{7}{10} - \frac{1}{2}$
$\frac{1}{6}$	$\frac{1}{10}$	$\frac{2}{6}\left(\frac{1}{3}\right)$	$\frac{1}{8}$	$\frac{2}{10}\left(\frac{1}{5}\right)$

2–4 Additionen und Subtraktionen von Brüchen mit Modellen lösen
▶ Schulbuch, Seite 66–67

Dezimalbrüche und Zahlenstrahl

1 Zähle vorwärts. Notiere die Zahlen.

A: 3,5 3,6 3,7 3,8 3,9 4,0 4,1 4,2 4,3 4,4 4,5

B: 0,6 0,7 0,8 0,9 1,0 1,1 1,2 1,3 1,4 1,5 1,6

C: 9,3 9,5 9,7 9,9 10,1 10,3 10,5 10,7 10,9 11,1 11,3

D: 3,96 3,97 3,98 3,99 4,00 4,01 4,02 4,03 4,04 4,05 4,06

E: 9,93 9,94 9,95 9,96 9,97 9,98 9,99 10,00 10,01 10,02 10,03

F: 4,92 4,95 4,98 5,01 5,04 5,07 5,10 5,13 5,16 5,19 5,22

2 Zähle rückwärts. Notiere die Zahlen.

A: 3,3 3,4 3,5 3,6 3,7 3,8 3,9 4,0 4,1 4,2 4,3

B: 2,6 2,9 3,2 3,5 3,8 4,1 4,4 4,7 5,0 5,3 5,6

C: 4,5 4,8 5,1 5,4 5,7 6,0 6,3 6,6 6,9 7,2 7,5

D: 0,97 0,98 0,99 1,00 1,01 1,02 1,03 1,04 1,05 1,06 1,07

E: 1,78 1,81 1,84 1,87 1,90 1,93 1,96 1,99 2,02 2,05 2,08

3 Ergänze die fehlenden Zahlen.

A: 4,72 4,73 4,74 4,75 4,76 4,77 4,78 4,79 4,80 4,81 4,82

B: 5,85 5,90 5,95 6,00 6,05 6,10 6,15 6,20 6,25 6,30 6,35

C: 4,96 4,98 5,00 5,02 5,04 5,06 5,08 5,10 5,12 5,14 5,16

4 Ergänze die fehlenden Zahlen.

A 9,994   9,995   9,996   9,997   9,998   9,999   10,000   10,001   10,002   10,003   10,004   10,005

B 49,94   49,95   49,96   49,97   49,98   49,99   50,00   50,01   50,02   50,03   50,04   50,05

5 Ordne die Zahlen dem Zahlenstrahl zu.

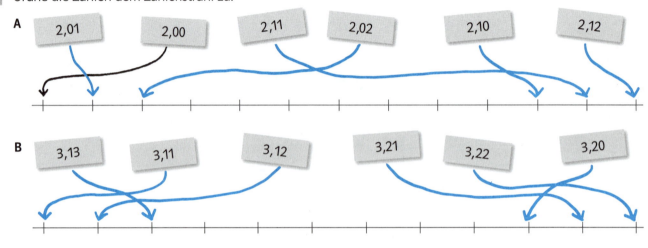

6 Für welche Zahlen stehen die Buchstaben?

A: 17, 18, 19, 20, 21, 22, 24, 27, 29, 30, 31

B: 19,7, 19,9, 20,0, 20,1, 20,2, 20,4, 20,7, 20,9, 21,0, 21,1

C: 19,97, 19,99, 20,00, 20,01, 20,02, 20,04, 20,07, 20,09, 20,10, 20,1

D: 19,997, 19,999, 20,000, 20,001, 20,002, 20,004, 20,007, 20,009, 20,010, 20,0

Dezimalbrüche und Stellentafel

Hunderter	Zehner	Einer	Zehntel	Hundertstel	Tausendstel
H	**Z**	**E**	**z**	**h**	**t**
100	10	1	0,1	0,01	0,001
	•••		•••	•	•

1 Zeichne für die angegebenen Zahlen die Plättchen in die Stellentafel.

A 123,123

H	Z	E	z	h	t
100	10	1	0,1	0,01	0,001
•	••	•••	•	••	•••

B 102,102

H	Z	E	z	h	t
100	10	1	0,1	0,01	0,001
•		••	•		••

C 120,201

H	Z	E	z	h	t
100	10	1	0,1	0,01	0,001
•	••		••		•

D 102,030

H	Z	E	z	h	t
100	10	1	0,1	0,01	0,001
•		••		•••	

2 Welche Zahl ist gelegt? Notiere die Zahl.

A

H	Z	E	z	h	t
100	10	1	0,1	0,01	0,001
••	••••	•••		•••	••••

243,034

B

H	Z	E	z	h	t
100	10	1	0,1	0,01	0,001
	••	••••		•••	

24,03 oder 24,030

C

H	Z	E	z	h	t
100	10	1	0,1	0,01	0,001
••		••••	•••		

204,3 oder 204,300

D

H	Z	E	z	h	t
100	10	1	0,1	0,01	0,001
••	••••		••		••••

240,204

3 A Notiere die gelegte Zahl. Verschiebe ein Plättchen so, dass die neue Zahl grösser ist als die alte.

H	Z	E	z	h	t
100	10	1	0,1	0,01	0,001
••	•	•••	•••	•	••

213,312

Man muss ein Plättchen nach links verschieben.

B Bestimme die Differenz zwischen der alten und der neuen Zahl.

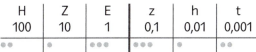 Suche möglichst viele Lösungen.

Mögliche Differenzen: 90 / 9 / 0,9 / 0,09 / 0,009

1–3 Dezimalbrüche an der Stellentafel darstellen
▶ Schulbuch, Seite 72–73

4 **A** Notiere die gelegte Zahl. Verschiebe ein Plättchen so, dass die neue Zahl kleiner ist als die alte.

H 100	Z 10	E 1	z 0,1	h 0,01	t 0,001
•	••	•••	•••	••	•

123,321

Man muss ein Plättchen nach rechts verschieben.

B Bestimme die Differenz zwischen der alten und der neuen Zahl.

C Suche möglichst viele Lösungen.

Mögliche Differenzen: 9 / 90 / 0,9 / 0,09 / 0,009

5 **A** Lege die Zahl. Verschiebe alle Plättchen um 1 Stelle nach rechts. Schreibe die so entstandene Zahl.

I 341

H 100	Z 10	E 1	z 0,1	h 0,01	t 0,001
•••	••••	•			
	•••	••••	•		

341 → 34,1

II 2,08

H 100	Z 10	E 1	z 0,1	h 0,01	t 0,001
			••	••••••••	
				••	••••••••

2,08 → 0,208

B Lege die Zahl. Verschiebe alle Plättchen um 2 Stellen nach rechts. Schreibe die so entstandene Zahl.

I 12,4

H 100	Z 10	E 1	z 0,1	h 0,01	t 0,001
	•	••	••••		
			•	••	••••

12,4 → 0,124

II 102,4

H 100	Z 10	E 1	z 0,1	h 0,01	t 0,001
•			••	••••	
		•		••	••••

102,4 → 1,024

C Lege die Zahl. Verschiebe alle Plättchen um 3 Stellen nach links. Schreibe die so entstandene Zahl.

I 0,421

H 100	Z 10	E 1	z 0,1	h 0,01	t 0,001
			••••	••	•
••••	••	•			

0,421 → 421

II 0,403

H 100	Z 10	E 1	z 0,1	h 0,01	t 0,001
			••••		•••
••••		•••			

0,403 → 403

D Wähle andere Zahlen und verfahre gleich wie oben.

4–5 Dezimalbrüche an der Stellentafel darstellen, Muster erkennen
▶ Schulbuch, Seite 72–73

Versteckte Zahlen

1 Wie heisst die Zahl?

A Bilde das Produkt aus 20 und 25. Addiere zum Ergebnis 100 und dividiere schliesslich durch 5.
$((20 \cdot 25 + 100) : 5) = 120$

B Subtrahiere vom dritten Teil von 120 die Hälfte von 48 und addiere zum Ergebnis das Produkt von 7 und 5.
$(((120 : 3) - (48 : 2)) + (7 \cdot 5)) = 51$

C Dividiere das Doppelte von 55 durch 11 und multipliziere das Ergebnis mit dem Dreifachen von 15.
$(((2 \cdot 55) : 11) \cdot (3 \cdot 15)) = 450$

D Halbiere die Summe von 100 und 148. Dividiere das Ergebnis durch den Quotienten von 16 und 4.
$(((100 + 148) : 2) : (16 : 4)) = 31$

E Zeichne zu A bis D je einen Rechenbaum.
Lösungen im Begleitband

2 A Erfinde Aufgaben wie in Nr. 1, die als Ergebnis 1000 haben.

B Zeichne dazu entsprechende Rechenbäume.

3 Welche natürliche Zahl kann z sein?

A $z + 3 < 10$
0/1/2/3/4/5/6

B $14 > z + 7$
0/1/2/3/4/5/6

C $3 \cdot z < 20$
0/1/2/3/4/5/6

D $100 : z > 30$
1/2/3

E $3 \cdot z + 20 > 40$
7/8/9/...

F $70 > 2 \cdot z + 15$
0/1/2/.../27

G $2 \cdot z > 2$
2/3/4/...

H $z : 2 + 4 < 40$
70/69/68/.../2/1/0

4 A Ich denke mir eine Zahl und addiere 2, dann halbiere ich das Ergebnis, addiere wieder 2, halbiere das Ergebnis nochmals, addiere wieder 2, halbiere nochmals und erhalte 100. Welche Zahl habe ich mir gedacht?

$x \underset{-2}{\overset{+2}{\rightleftarrows}} \underset{\cdot 2}{\overset{:2}{\rightleftarrows}} \underset{-2}{\overset{+2}{\rightleftarrows}} \underset{\cdot 2}{\overset{:2}{\rightleftarrows}} \underset{-2}{\overset{+2}{\rightleftarrows}} \underset{\cdot 2}{\overset{:2}{\rightleftarrows}} \boxed{100}$ $x = 786$

B Ich denke mir eine gerade Zahl, halbiere sie, addiere zum Ergebnis das Dreifache der ursprünglichen Zahl und erhalte 700. Welche Zahl habe ich mir gedacht?
$x = 200$

C Erfinde selber solche Rätsel, löse sie und gib sie anderen zu lösen.

1–2, 4 Versteckte Zahlen durch Umkehroperationen finden, mit Rechenbäumen darstellen
3 Zahlen einsetzen, damit Ungleichungen stimmen
▶ Schulbuch, Seite 76–77

Klammern und Rechenbäume

1 Nimm die Zahl 200 und verstecke sie auf verschiedene Arten. Setze die begonnenen Rechnungen fort. Arbeite dabei mit Farben wie im Schulbuch Seite 78.

Mögliche Lösungen

200
(4 · 50)
(4 · (250 : 5))
(4 · (250 : (100 − 95)))
(4 · ((300 − 50) : ((4 · 25) − (100 − 5))))
(4 · (((6 · 50) − 50) : ((4 · 25) − ((4 · 25) − 5))))

200
(100 + 100)
((2 · 50) + (4 · 25))
(((2 · (90 − 40)) + (4 · 25))

200
(450 − 250)
((275 + 175) − 250)
((275 + 175) − (1000 : 4))
((275 + (7 · 25)) − ((450 + 550) : 4))

2 Verstecke die Zahlen: Mögliche Lösungen

	77	48	125	53
einfach	(44 + 33)	(36 + 12)	(5 · 25)	(50 + 3)
doppelt	((4 · 11) + 33)	((4 · 9) + 12)	((5 · (30 − 5))	((5 · 10) + 3)
dreifach	((4 · 11) + (40 − 7))	((4 · 9) + (4 · 3))	(((2 + 3) · (30 − 5))	((5 · 10) + (3 · 1))
vierfach	((4 · 11) + ((2 · 20) − 7))	((4 · (3 · 3)) + (4 · 3))	(((2 + 3) · ((35 − 5) − 5))	(((2 + 3) · 10 + (3 · 1))

1 Zahlen in Klammern verstecken
2 Klammerrechnungen auflösen
▶ Schulbuch, Seite 78−79

3 Welche Zahlen verstecken sich hinter diesen Ausdrücken?
Tipp: Mit Farben erhältst du einen besseren Überblick.

A (((4 + 3) · ((2 + 1) + (4 : 2))) · 9)

B (((6 + 5) · ((4 + 3) + (6 : 2))) · 8)

C (((8 + 7) · ((6 + 5) + (8 : 2))) · 7)

D (((10 + 9) · ((8 + 7) + (10 : 2))) · 6)

Setze das Muster zweimal fort.

E (((12+11) · ((10+9)+(12:2))) · 5)

F (((14+13) · ((12+11)+(14:2))) · 4)

G Zur Kontrolle: Addiere die 6 versteckten Zahlen von A bis F. Du erhältst 11165. Ja

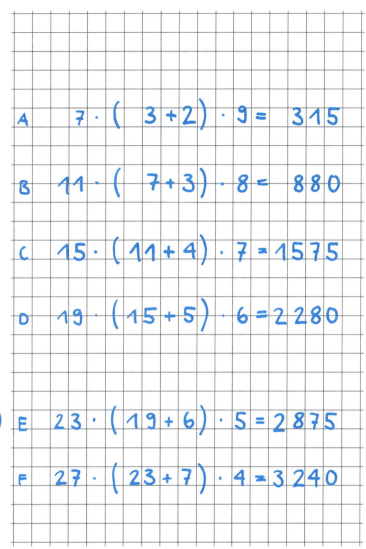

A 7 · (3 + 2) · 9 = 315

B 11 · (7 + 3) · 8 = 880

C 15 · (11 + 4) · 7 = 1575

D 19 · (15 + 5) · 6 = 2280

E 23 · (19 + 6) · 5 = 2875

F 27 · (23 + 7) · 4 = 3240

4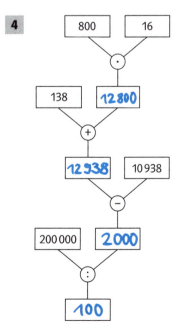

5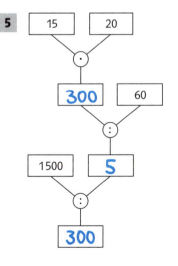

6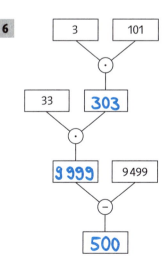

3 Klammerrechnungen auflösen
4–6 Klammerrechnungen in Rechenbäumen lösen
▶ Schulbuch, Seite 78–79

7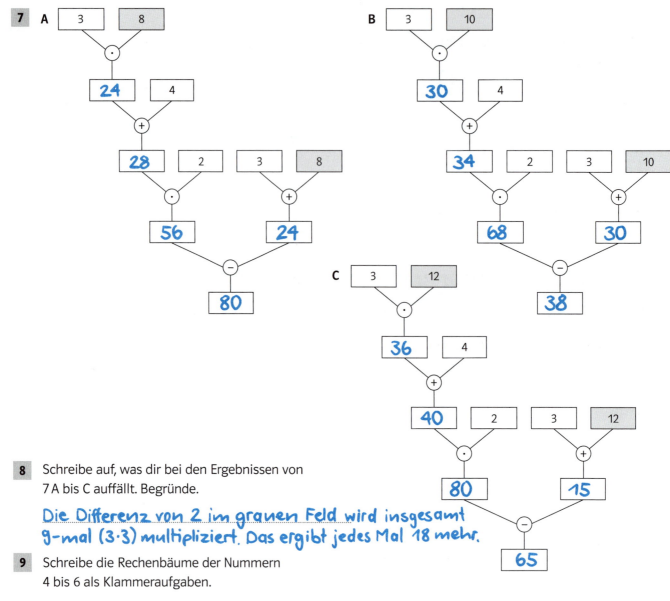

8 Schreibe auf, was dir bei den Ergebnissen von 7 A bis C auffällt. Begründe.

Die Differenz von 2 im grauen Feld wird insgesamt 9-mal (3·3) multipliziert. Das ergibt jedes Mal 18 mehr.

9 Schreibe die Rechenbäume der Nummern 4 bis 6 als Klammeraufgaben.

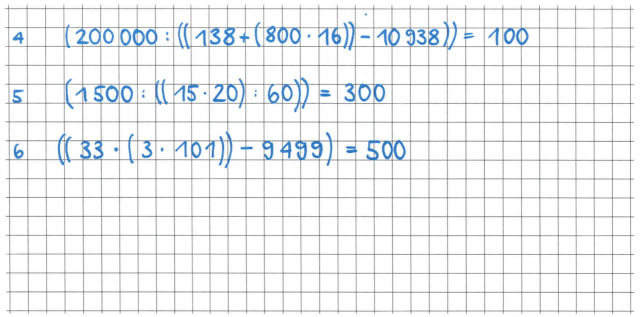

Quaderansichten

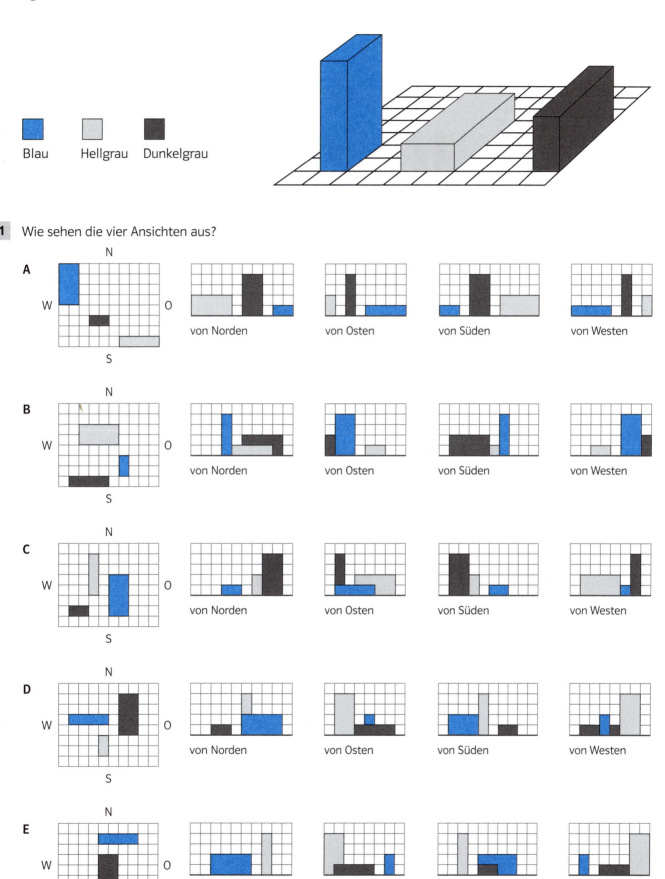

1 Wie sehen die vier Ansichten aus?

1 Seitenansichten zeichnen
▶ Schulbuch, Seite 84–85

2 Wie sieht der Grundriss aus?

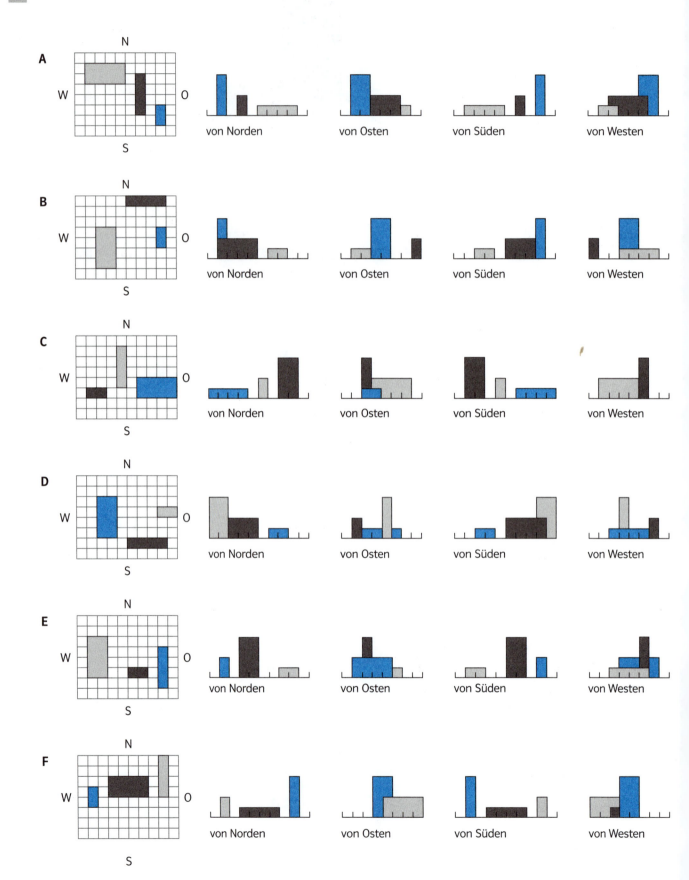

Würfelspiele

Spiel mit zwei Würfeln

Jeder Spieler schreibt die Zahlen 1 bis 12 auf sein Blatt. Gewürfelt wird reihum immer mit beiden Würfeln.

Die Augen werden zusammengezählt. Würfelst du zum Beispiel eine 3 und eine 4, ergibt dies 7. Dann streichst du auf deinem Blatt die 7. Würfelst du in einer späteren Runde eine 2 und eine 5, ergibt dies nochmals 7, aber dann kannst du die Zahl auf deinem Blatt nicht mehr streichen. Gewonnen hat, wer zuerst 11 der 12 Zahlen gestrichen hat.

1. Notiert jeweils die Zahl, die als letzte gestrichen werden konnte, und diejenigen, die nicht gestrichen werden konnten.

2. Welche Zahlen hättet ihr problemlos mehrmals durchstreichen können?

3. Überlegt euch, welche Augensummen nie, häufig oder selten geworfen werden. Schreibt einen kurzen Bericht dazu.

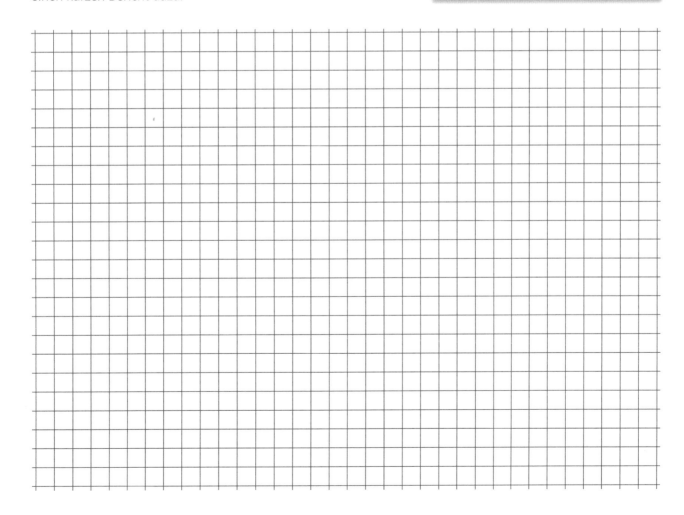

1–3 Erfahrungen mit einem Würfelspiel sammeln und analysieren
▶ Schulbuch, Seite 86–87

Folgen

Wie lautet jeweils die Regel? Berechne die fehlenden Werte.

Tipp: Abschätzen und mit gerundeten Werten überschlagen bringt dich weiter!
Zum Beispiel: Die berechnete Zahl ist etwa das Dreifache.

Beispiel

Gegebene Zahl	9	18	63	Beschreibe in Worten, wie du das gerechnet hast.	10	72	81
Berechnete Zahl	28	55	190	Ich multipliziere meine Zahl mit 3 und addiere 1.	31	217	244

1

Gegebene Zahl	9	14	30	Beschreibe in Worten, wie du das gerechnet hast.	10	26	58
Berechnete Zahl	80	195	899	Ich multipliziere die Zahl mit sich selber und subtrahiere 1.	99	675	3363

2

Gegebene Zahl	9	196	625	Beschreibe in Worten, wie du das gerechnet hast.	100	256	289
Berechnete Zahl	3	14	25	Ich suche die Zahl, die mit sich selber multipliziert meine Zahl gibt.	10	16	17

3

Gegebene Zahl	9	50	64	Beschreibe in Worten, wie du das gerechnet hast.	10	67	180
Berechnete Zahl	13,5	75	96	Ich multipliziere meine Zahl mit 1,5.	15	100,5	270

4

Gegebene Zahl	9	123	456	Beschreibe in Worten, wie du das gerechnet hast.	14	100	987
Berechnete Zahl	9	6	15	Ich berechne die Quersumme.	5	1	24

5

Gegebene Zahl	9	18	39	Beschreibe in Worten, wie du das gerechnet hast.	10	678	987
Berechnete Zahl	90	90	120	Ich multipliziere die Quersumme mit 10.	10	210	240

1–5 Regeln von Folgen mit Worten beschreiben, weitere Glieder berechnen
▸ Schulbuch, Seite 88–89

Gefässe füllen (Proportionalität)

1 Wasserverbrauch beim Duschen.

A In einem Vierpersonenhaushalt werden pro Tag etwa 200 l Wasser für das Duschen verbraucht. Wie viele Liter sind das …

in einer Woche	in zwei Wochen	in einem Monat	in einem halben Jahr	in einem Jahr
1400 l	2800 l	≈ 6000 l	≈ 36 000 l	≈ 72 000 l

B Ein Sanitärgeschäft wirbt für eine neue Duschbrause. Damit kann man beim Duschen Wasser sparen. Für eine Dusche braucht es nur noch etwa 30 Liter Wasser.
Vervollständige die Tabelle für einen Vierpersonenhaushalt, wenn jede Person pro Tag ein Mal duscht.
Verbrauch von Duschwasser…

in einer Woche	in zwei Wochen	in einem Monat	in einem halben Jahr	in einem Jahr
840 l	1680 l	≈ 3600 l	≈ 22 000 l	≈ 44 000 l

2 Auf einer Wanderung legst du in einer Stunde eine Strecke von ungefähr 4 km 500 m zurück.

A Ergänze die folgende Tabelle:

Zeit min	10 min	20 min	30 min	40 min	50 min	60 min
Strecke	750 m	1500 m	2250 m	3000 m	3750 m	4500 m

B Ergänze die folgende Tabelle:

Zeit min	120	180	240	300	360	420
Strecke	9 km	13 km 500 m	18 km	22 km 500 m	27 km	31 km 500 m

3 Im Reitsport gibt es unterschiedliche Wettkämpfe. Auf langen Strecken (Distanzritt) muss man langsam reiten. Auf einer kurzen Strecke (Galopprennen) ist ein Rennpferd sehr schnell. Ergänze die folgenden Tabellen.

A Querfeldein

Zeit	115 s	230 s	345 s	460 s	575 s	690 s
Strecke	1 km 100 m	2 km 200 m	3 km 300 m	4 km 400 m	5 km 500 m	6 km 600

B Distanzritt

Zeit	2 h 40 min	5 h 20 min	8 h	10 h 40 min	13 h 20 min	16 h
Strecke	25 km	50 km	75 km	100 km	125 km	150 km

C Galopprennen

Zeit	10 s	20 s	30 s	40 s	50 s	1 min
Strecke	570 m	1140 m	1710 m	2280 m	2850 m	3420 m

1–3 Proportionalitätstabellen ausfüllen
▶ Schulbuch, Seite 90–91

Gefässe füllen (Proportionalität)

In einer Getränkefirma kann eine Abfüllanlage in einer Stunde mehrere tausend Flaschen füllen. Pro Tag wird jeweils nur eine Flaschengrösse abgefüllt.

Flaschengrösse	Anzahl Flaschen pro Tag
1,5 l	bis zu 50 000
1 l	bis zu 65 000
5 dl	bis zu 60 000
33 cl	bis zu 85 000

1 Wie viele l Mineralwasser werden während eines Tages abgefüllt,

A wenn 5-dl-Flaschen verwendet werden?
30 000 l

B wenn 1,5-Liter-Flaschen verwendet werden?
75 000 l

C wenn 33-cl-Flaschen verwendet werden?
Etwa 28 000 l

2 A Die Anlage läuft 5 Tage pro Woche. Während 4 Wochen wird jede Woche eine andere Flaschengrösse abgefüllt? Wie viele l Mineralwasser sind das?
Fast 1 Million Liter

B Wie viele l Mineralwasser können während eines Jahres abgefüllt werden? Gehe von verschiedenen Annahmen aus und schreibe einen Bericht.
7 000 000 l – 20 000 000 l

3 Damit das Mineralwasser ein Aroma bekommt, wird ihm ein Konzentrat beigefügt. 1 hl aromatisiertes Mineralwasser enthält 2,5 l Orangen-Konzentrat.

A Wie viele l Orangen-Konzentrat braucht es für eine 1,5-Liter-Flasche?
0,0375 l oder etwa 38 ml

B Wie viele l Orangen-Konzentrat etwa braucht es, wenn in einem Sommermonat bis 20 000 1,5-Liter-Flaschen abgefüllt werden?
Etwa 750 l

C Die Firma kauft 600 l Konzentrat. Reicht der Vorrat für die 1,5-Liter-Flaschen eines Sommermonats? Wie viel Konzentrat etwa ist zu viel oder zu wenig an Lager?
Der Vorrat reicht nicht ganz: etwa 150 l zu wenig.

4 1-Liter-Glasflaschen mit Mineralwasser werden in Harassen transportiert. In einem Harass haben 12 Flaschen Platz. Eine leere Glasflasche wiegt 610 g, ein Harass wiegt 2 kg. Im Vorratsraum der Getränkefirma stehen die Harasse auf Paletten zum Transport bereit. Ein leeres Palett wiegt 25 kg und fasst 32 Harasse. *Ein voller Harass wiegt 21,320 kg.*

A Wie schwer etwa ist ein volles Palett?
Etwa 700 kg bis 710 kg

B Ein grosser Lastwagen kann maximal 20 t laden. Es haben 16 Palette Platz. Dürfen alle Palette geladen werden, ohne dass der Lastwagen überladen ist?
Ja, das gibt nur etwa 11 t.

C Ein kleiner Lastwagen kann etwa 1,6 t laden. Wie viele Harasse darf er maximal laden?
75 Harasse

D Wie viele Lastwagen etwa braucht es für 30 000 1-Liter-Flaschen? Gehe von verschiedenen Annahmen aus und schreibe einen Bericht. *Etwa 80 Palette auf 5 grossen Lastwagen oder 2500 Hara(ss) auf etwa 34 Kleinlastwagen.*

1–4 Mit Hilfe von Informationen Fragen beantworten, mit Grössen rechnen
▶ Schulbuch, Seite 90–91

Kriminalpolizei

1 Autokennzeichen in Europa bestehen oft aus dem Länderkennzeichen auf blauem Grund (z.B. I für Italien) und einer Kombination von zwei Buchstaben gefolgt von einer ein- bis vierstelligen Zahl.

Beispiel: AB 123

A Wie viele italienische Autonummern mit 2 Buchstaben und 2 Ziffern sind möglich?
60 840 = 26 · 26 · 9 · 10

B Wie viele italienische Autonummern mit 2 Buchstaben und 3 Ziffern sind möglich?
608 400 = 26 · 26 · 9 · 10 · 10

C Wie viele italienische Autonummern mit 2 Buchstaben und 4 Ziffern sind möglich?
6 084 000 = 26 · 26 · 9 · 10 · 10 · 10

D Wie viele italienische Autonummern sind insgesamt möglich?
6 759 324

E Erkläre in einem kurzen Bericht, warum du sicher bist, dass du alle Möglichkeiten gefunden hast.
Lösung im Begleitband

2 Du brauchst für den Zugang zu bestimmten Internet-Seiten ein Passwort. Du willst drei verschiedene Buchstaben benützen, z.B. M, A und X. Damit kannst du 6 verschiedene Passwörter bilden, nämlich AMX, AXM, MAX, MXA, XAM und XMA.

A Wie viele Passwörter kannst du mit den 4 Buchstaben M, A, X und I bilden?
4 · 3 · 2 · 1 = 24

B Wie viele Passwörter kannst du mit den 5 M, A, X, L und I bilden?
5 · 4 · 3 · 2 · 1 = 120

C Wie viele Passwörter kannst du mit den 6 Buchstaben M, A, X, L, I und S bilden?
6 · 5 · 4 · 3 · 2 · 1 = 720

D Erkläre in einem kurzen Bericht, warum du sicher bist, dass du alle Möglichkeiten gefunden hast.
Lösung im Begleitband

3 Du willst einen Buchstaben, z.B. M, mehrfach verwenden.

A Wie viele Passwörter kannst du mit den 4 Buchstaben M, M, A und X bilden?
12

B Wie viele Passwörter kannst du mit den 5 Buchstaben M, M, M, A und X bilden?
20

C Wie viele Passwörter kannst du mit den 6 Buchstaben M, M, M, M, A und X bilden?
30

D Erkläre in einem kurzen Bericht, warum du sicher bist, dass du alle Möglichkeiten gefunden hast.
Lösung im Begleitband

1–3 Kombinatorische Fragestellungen bearbeiten
▶ Schulbuch, Seite 94–95

Spitze!

1 Fische sind mit ihrem stromlinienförmigen Körper und ihrer schlüpfrigen Haut vom Maul bis zur Schwanzspitze dem Leben im Wasser angepasst. Es ist nicht verwunderlich, dass viele Fische zehnmal schneller schwimmen als Menschen.

Danielle Sims brauchte am 12. Juli 2008 in Kreuzlingen als 14-Jährige über 100 Meter Delfin 1 Minute, 5 Sekunden und 15 Hundertstelsekunden.

In 1 min weniger als 100 m
In 60 min weniger als 6 km

Die Forelle erreicht eine Geschwindigkeit von 35 km/h.

Der Schwertfisch legt in 2 Minuten 3 km zurück. *90 km/h*

Ein Delfin legt in 3 Minuten 2 300 m zurück. *46 km/h*

Der Eisbär schwimmt mit einer Spitzengeschwindigkeit von 10 km/h.

Brillenpinguine können unter Wasser in 1 Sekunde 10 Meter zurücklegen. *36 km/h*

Der Blauwal schafft 5 km 500 m in 6 Minuten. *55 km/h*

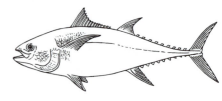

Der Thunfisch schafft in 3 Minuten eine Strecke von 5 km. *100 km/h*

1 Geschwindigkeiten vergleichen
▶ Schulbuch, Seite 96–97

2
- **A** Wie lange braucht der Eisbär für 100 m?
- **B** Wie viele km legt der Schwertfisch in 10 min zurück?
- **C** Wie lange braucht ein Thunfisch für die gleiche Strecke?
- **D** Wer ist schneller: der Brillenpinguin oder der Delfin?
- **E** Wie weit kommt ein Blauwal in einer Stunde?

A Etwa 36 s

B 15 km

C 9 min

D Der Delfin

E Etwa 55 km

3 Vergleiche die Spitzengeschwindigkeiten dieser sieben Tiere und stelle eine Rangliste auf.

1	Thunfisch	100 km/h
2	Schwertfisch	90 km/h
3	Blauwal	55 km/h
4	Delfin	46 km/h
5	Pinguin	36 km/h
6	Forelle	35 km/h
7	Eisbär	10 km/h
8	Mensch	< 6 km/h

4 Wähle andere Tiere.

Wie alt werden Bäume?

Du siehst hier einen Einleitungstext und die Texte sowie Tabellen des Schulbuchs. Sie dienen dir zur Bearbeitung. Wähle aus den folgenden Bearbeitungsmöglichkeiten aus.

Sachtexte verstehen
☐ Text gründlich lesen
☐ Wichtiges durch Anstreichen, Unterstreichen, Markieren hervorheben
☐ Unwichtige Wörter mit Bleistift durchstreichen
☐ Inhalt in eigenen Worten nacherzählen oder jemandem erzählen
☐ Inhalt nachspielen (Rollenspiel)
☐ Zeichnungen herstellen, skizzieren
☐ Daten auflisten, Tabellen erstellen

Mit Sachtexten rechnen
☐ Zusammengehörende Schlüsselinformationen umrahmen und verbinden (Cluster)
☐ Fragen stellen, die mit Hilfe der Informationen beantwortet werden können
☐ Rechenwege darstellen, z. B. mit Rechenbäumen
☐ Daten auflisten (Tabellen)
☐ Einfache oder gerundete Zahlen einsetzen
☐ Rechnungen überschlagen, Resultate abschätzen
☐ Berechnungen durchführen (im Kopf, halbschriftlich, schriftlich, mit dem Taschenrechner)
☐ Ergebnisse überprüfen
☐ Antworten formulieren und mit den Informationen aus dem Text überprüfen (Macht die Antwort Sinn?)

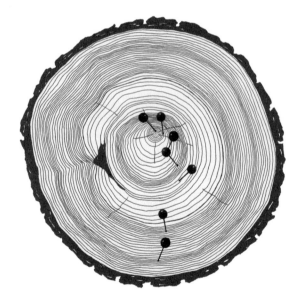

Beim Zählen der Jahrringe ist es hilfreich, bei jedem 10. Ring eine Stecknadel einzustecken. Wo Ringe schlecht sichtbar sind, hilft Schleifen mit Schmirgelpapier oder Befeuchten weiter.

Einleitung

Die meisten Bäume sterben schon als Keimlinge. Die andern werden von hungrigen Tieren gefressen, oder Nachbarbäume nehmen ihnen das Licht und die Feuchtigkeit, die sie zum Wachstum brauchen. Später bedrohen Stürme, Feuer, Blitzschlag, Schneelasten, Lawinen, Steinschlag, Dürre, schädliche Umwelteinflüsse und Krankheiten das Leben eines Baums. Nur ganz wenige Bäume überleben diese Gefahren und erfreuen uns als stolze, grosse Gestalten.

Von denen sterben nochmals ganz wenige aus Altersschwäche. Viele müssen ihr Leben im besten Alter lassen. Dann kann ihr Holz nutzbringend verwertet werden: zum Bau von Häusern und Möbeln oder zum Heizen.

In der Schweiz sorgt ein Gesetz aus dem Jahre 1876 dafür, dass die Waldflächen nicht verschwinden. Wenn Wälder abgeholzt werden (z.B. wegen des Baues einer Autobahn oder neuen Eisenbahnlinie), müssen die gleich grossen Flächen anderswo wieder angepflanzt werden.

1 Die Baumscheibe eines gefällten Baumes kann die Lebensgeschichte des Baumes erzählen. Du erkennst lauter schmale, dunkle Linien, die man Jahrringe nennt. Zwischen der Rinde eines Baumes und dem Holzteil befindet sich eine Schicht von Zellen, die sich teilen können (Kambium). Durch die Teilung dieser Zellen wächst der Baum und wird von Jahr zu Jahr dicker.

Die im Frühling gebildeten Zellen sind grösser als jene im Herbst und im Winter. Im Frühling muss für die jungen Nadeln und Blätter viel Wasser von den Wurzeln in die Spitzen der Äste geleitet werden. Daher sind diese Zellräume weit und die Wände dünn; sie erscheinen auf der Baumscheibe als helle Ringe.

Im Herbst dagegen wird weniger Wasser gebraucht. Dann sind die Zellräume enger und die Wände dicker. Sie erscheinen auf der Baumscheibe als dunkle Ringe und bilden die sogenannten Jahrringe.

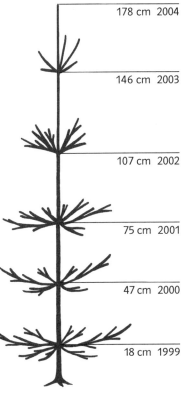

2 Bäume gehören zu den höchsten Pflanzen auf der Erde und zu den ältesten Lebewesen auf unserem Planeten.

Espen, Birken, Erlen und Pappeln können bis zu 100 Jahre alt werden.
Arven und Fichten leben bei uns bis 600 Jahre, die Lärche sogar bis 800 Jahre.
Bei uns hält die Eibe den Rekord, sie kann über 2 000 Jahre alt werden.

In der Sierra Nevada in Kalifornien (USA) hingegen gibt es Mammutbäume, die schon über 3 500 Jahre lang allen Gefahren trotzen. Eine Grannenkiefer im gleichen Gebiet hat schon den 4 700. Geburtstag erlebt. Forscher haben in der Region Dalarna in Schweden 20 Fichten entdeckt, die sogar 9 950 Jahre alt sind.

3 Bei Tannen können wir das jährliche Längenwachstum am Abstand der Astkränze erkennen.

4 Bei Laubbäumen ist das Wachstum schwieriger zu bestimmen als bei Nadelbäumen. Du kannst wie folgt vorgehen: Zähle bei einem Stammabschnitt auf beiden Seiten die Jahrringe. Rechne anschliessend den Unterschied aus. Der Unterschied entspricht der Anzahl Jahre, in denen der Stammabschnitt gewachsen ist.

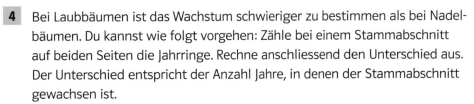
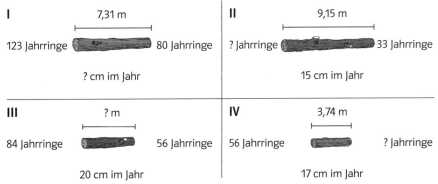

I 7,31 m 123 Jahrringe 80 Jahrringe ? cm im Jahr

II 9,15 m ? Jahrringe 33 Jahrringe 15 cm im Jahr

III ? m 84 Jahrringe 56 Jahrringe 20 cm im Jahr

IV 3,74 m 56 Jahrringe ? Jahrringe 17 cm im Jahr

1–4 Aus Sachtexten über Bäume Informationen entnehmen und rechnerisch bearbeiten

Grundwissen – Übersicht

Grundfertigkeiten Grundoperationen
Seite 87–89

Addition/Subtraktion

Multiplikation/Division

·	300	80	6
40			
8			

Durchschnitte

Klammern

50
$(2 \cdot 25)$
$(2 \cdot (20 + 5))$
$(2 \cdot ((100 - 80) + 5))$
$(2 \cdot ((100 - (400 : 5)) + 5))$

Grundfertigkeiten Sachrechnen
Seite 90–91

Grössen

Eine Kuh ist etwa
- 600 kg schwer
- 0.7 t schwer
- 3000 kg schwer
- 4.5 t schwer

Fahrpläne

Tabellen

Proportionalität

Grundfertigkeiten Geometrie
Seite 92

Ornamente

Quader

Zirkel und Geodreieck

Grundvorstellungen Brüche
Seite 93

Brüche als Anteile

Rechteckmodell

Kreismodell

Grössenmodell

$\frac{1}{2}$ m = 50 cm
= 500 mm
= 0,5 m
= 0,50 m
= ...

Grundwissen Grössen
Seite 94–95

Runden

Runde auf eine halbe Stunde genau.

Ordnen

1,230 km
1,320 km
1,032 km
1,023 km

Grössen und Komma

Schreibe in m und cm und mit Komma.
135 cm = 1 m 35 cm = 1,35 m
245 cm =
355 cm =
465 cm =
575 cm =
685 cm =

Grössen und Brüche

250 g = $\frac{1}{4}$ kg

15 min = $\frac{1}{4}$ h

25 cm = $\frac{1}{4}$ m

Seite 87–95: Wiederholung des Grundwissens am Ende des 5. Schuljahres:
Aufgaben selbstständig lösen und Ergebnisse mit dem Lösungsheft überprüfen.

Grundfertigkeiten Grundoperationen

Rechne im Kopf, halbschriftlich oder schriftlich

1
A 36 239 − 40 = **36 199**
   36 210 − 440 = **35 770**

B 35 781 + 44 = **35 825**
   35 836 − 4 000 = **31 836**

C 31 847 + 444 = **32 291**
   32 302 − 4 400 = **27 902**

2
A 50 · 300 = **15 000**
   3 · 48 = **144**
   60 · 20 = **1 200**
   30 · 418 = **12 540**

B 58 · 320 = **18 560**
   7 · 243 = **1 701**
   15 · 123 = **1 845**
   23 · 204 = **4 692**

C 2 525 − 1 259 = **1 266**
   10 001 − 555 = **9 446**
   1 279 + 3 430 = **4 709**
   12 111 + 13 129 = **25 240**

3 Berechne die Differenz der Ergebnisse.

A 17 · 44 = **748**
   14 · 47 = **658**
   Differenz **90**

B 57 · 84 = **4 788**
   54 · 87 = **4 698**
   Differenz **90**

C 9 · 398 = **3 582**
   9 · 389 = **3 501**
   Differenz **81**

4
A 12 121 + 86 644 = **98 765**
   93 793 − 48 739 = **45 054**
   54 321 + 65 432 + 3 370 = **123 123**

B 42 824 : 8 = **5 353**
   21 412 : 4 = **5 353**
   17 271 : 3 = **5 757**

5 Berechne den Mittelwert der Zahlen.

10, 20 — **15**
10, 20, 30 — **20**
10, 20, 30, 40 — **25**
10, 20, 30, 40, 50 — **30**
10, 20, 30, 40, 50, 60 — **35**

6

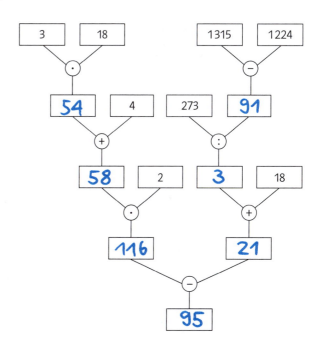

7 Welche Zahl versteckt sich?

(4 · (250 : (100 − 90)))   100

((275 + 176) − 251)   200

((300 · (76 − 16)) : 45)   400

8

A
- 480 : 8 = 60
- 4 800 : 60 = 80
- 480 000 : 800 = 600
- 4 800 : 6 = 800
- 48 000 : 8 = 6 000
- 480 000 : 60 = 8 000

B
- 2 · 134 = 268
- 20 · 135 = 2 700
- 22 · 136 = 2 972
- 3 · 233 = 699
- 30 · 232 = 6 960
- 33 · 231 = 7 623

9 Zähle in …

5 Schritten auf 10 000: 0, 2 000, 4 000, 6 000, 8 000, 10 000

10 Schritten auf 1 000: 0, 100, 200, 300, 400, 500, 600, 700, 800, 900, 1 000

8 Schritten auf 100 000: 0, 12 500, 25 000, 37 500, 50 000, 62 500, 75 000, 87 500, 100 000

20 Schritten auf 100: 0, 5, 10, 15, 20, 25, 30, 35, 40, 45, 50, … …, 95, 100

4 Schritten auf 1 000 000: 0, 250 000, 500 000, 750 000, 1 000 000

10 Quadratzahlen

- 16 · 16 = 256
- 90 · 90 = 8 100
- 700 · 700 = 490 000
- 8 · 8 = 64
- 14 · 14 = 196

- 400 · 400 = 160 000
- 70 · 70 = 4 900
- 19 · 19 = 361
- 110 · 110 = 12 100
- 50 · 50 = 2 500

- 200 · 200 = 40 000
- 25 · 25 = 625
- 100 · 100 = 10 000
- 40 · 40 = 1 600
- 6 · 6 = 36

- 1000 · 1000 = 1 000 000
- 900 · 900 = 810 000
- 30 · 30 = 900
- 200 · 200 = 40 000
- 120 · 120 = 14 400

11 Mal − durch

- 30 · 2 : 3 = 20
- 90 : 5 · 6 = 108
- 100 · 2 : 5 = 40
- 15 : 5 · 3 = 9
- 30 : 5 · 6 = 36
- 20 · 2 : 5 = 8

- 90 · 2 : 3 = 60
- 25 : 5 · 8 = 40
- 30 : 2 · 3 = 45
- 30 · 4 : 3 = 40
- 84 : 3 · 5 = 140
- 90 · 4 : 3 = 120

- 150 · 2 : 3 = 100
- 75 : 5 · 3 = 45
- 150 : 2 · 3 = 225
- 150 · 4 : 3 = 200
- 150 : 5 · 6 = 180
- 180 · 2 : 5 = 72

- 210 · 2 : 3 = 140
- 105 : 5 · 3 = 63
- 210 : 2 · 3 = 315
- 280 · 3 : 7 = 120
- 210 : 5 · 6 = 252
- 260 · 2 : 5 = 104

12 Runde auf…

A Zehner	B Hunderter	C Tausender
2 468 ≈ 2 470	1 357 ≈ 1 400	13 579 ≈ 14 000
2 486 ≈ 2 490	4 735 ≈ 4 700	247 395 ≈ 247 000
2 648 ≈ 2 650	6 573 ≈ 6 600	9 753 ≈ 10 000
2 684 ≈ 2 680	8 753 ≈ 8 800	65 397 ≈ 65 000
2 846 ≈ 2 850	1 537 ≈ 1 500	329 375 ≈ 329 000
2 864 ≈ 2 860	2 375 ≈ 2 400	97 935 ≈ 98 000

13 Runde auf…

A Zehner	B Hunderter	C Tausender
184 ≈ 180	358 ≈ 400	1 450 ≈ 1 000
199 ≈ 200	550 ≈ 600	3 999 ≈ 4 000
55 ≈ 60	1 199 ≈ 1 200	9 990 ≈ 10 000

14 Ergänze auf…

A 100	B 1 000	C 10 000
60 + 40	600 + 400	6 000 + 4 000
75 + 25	750 + 250	7 500 + 2 500
45 + 55	450 + 550	4 500 + 5 500
92 + 8	920 + 80	9 200 + 800

D 100 000	E 1 000 000	F 500 000
56 000 + 44 000	560 000 + 440 000	490 000 + 10 000
37 500 + 62 500	375 000 + 625 000	499 900 + 100
84 500 + 15 500	845 000 + 155 000	499 999 + 1
49 200 + 50 800	492 000 + 508 000	499 099 + 901

15 Multiplizieren und dividieren

1 000 : 2 = 500	180 : 2 = 90	6 · 12 = 72	20 · 400 = 8 000
80 · 50 = 4 000	9 · 800 = 7 200	30 · 300 = 9 000	2 000 : 500 = 4
7 · 600 = 4 200	70 · 30 = 2 100	1 500 : 5 = 300	12 · 7 = 84
6 · 40 = 240	1 800 : 600 = 3	40 · 80 = 3 200	20 · 300 = 6 000
3 200 : 40 = 80	900 · 4 = 3 600	210 : 70 = 3	2 800 : 4 = 700

16

A	B	C
400 000 − 4 = 399 996	5 000 000 − 5 000 = 4 995 000	70 000 − 7 = 69 993
40 000 − 40 = 39 960	500 000 − 5 000 = 495 000	700 000 − 70 = 699 930
4 000 − 400 = 3 600	50 000 − 5 000 = 45 000	7 000 000 − 700 = 6 999 300

Grundfertigkeiten Sachrechnen

1 Gib die Uhrzeit auf eine halbe und eine Viertelstunde genau an.

	9.09	10.10	11.37	12.52	14.53	23.56
Halbe Stunde	9.00	10.00	11.30	13.00	15.00	24.00
Viertelstunde	9.15	10.15	11.30	12.45	15.00	24.00

2 Berechne die Reisezeiten.

Zürich ab 16.38
Aarau an 17.04
Reisezeit: 26 min

St. Margrethen ab 9.06
München an 11.53
Reisezeit: 2 h 47 min

Lausanne ab 12.46
Paris an 16.27
Reisezeit: 3 h 41 min

3

A Du möchtest um 8.00 Uhr am Flughafen sein. Wann musst du in St. Gallen einsteigen?

6.42 Uhr

B Du möchtest spätestens um 18.00 Uhr in St. Gallen sein. Wann musst du am Flughafen abfahren?

16.52 Uhr

C Du möchtest zwischen 12.00 Uhr und 13.00 Uhr am Flughafen sein. Wann musst du in St. Gallen einsteigen?

11.11 oder 11.48 Uhr

4

A 4 Eier kosten Fr. 2.60.

Anzahl Eier	1	2	6	12	18	30	60	90
Preis Fr.	0.65	1.30	3.90	7.80	11.70	19.50	39.–	58.50

B 7 Rosen kosten Fr. 17.50.

Anzahl Rosen	1	3	5	7	9	11	15	25
Preis Fr.	2.50	7.50	12.50	17.50	22.50	27.50	37.50	62.50

5 Martina will zum Abschluss des Skilagers für alle Teilnehmenden ein Dessert zubereiten. Sie hat sich entschlossen, eine Schokoladencreme zu machen. Sie hat ein Rezept für vier Personen.

Welche Mengen muss sie bereitstellen, wenn die Creme für 26 Personen reichen soll?

Zutaten für 4 Personen	Zutaten für 26 Personen
3 dl Milch	19,5 dl
50 g dunkle Schokolade	325 g
20 g Maizena	130 g
2 Eier	13 g
30 g Zucker	195 g

6 Für 100 km braucht ein Airbus A 340-300 ungefähr 800 l Treibstoff.

A Wie viele Liter braucht er ungefähr für 800 km? __6 400 l__

B Und für 8 000 km? __64 000 l__

C Wie weit kann er mit 100 l ungefähr fliegen? __Etwa 12–13 km__

D Und mit 50 000 l? __Etwa 6 000 km__

7 Eine Biene fliegt in 5 Sekunden etwa 30 m weit. Wie weit fliegt sie in 1 s, 2 s, 3 s, 10 s, 20 s, 30 s, 40 s, 50 s, 1 min?

1 s → 6 m   40 s → 240 m
2 s → 12 m   50 s → 300 m
3 s → 18 m   60 s → 360 m
10 s → 60 m
20 s → 120 m
30 s → 180 m

8 Hunde können sehr schnell laufen!

Pudel: 480 m in 36 s
Whippet: 50 m in 5 s
Greyhound: 6 km in 6 min
Husky: 10 km in 15 min

A Wie viele Minuten braucht der Husky für 8 km?
B Wie lange braucht der Greyhound für die gleiche Strecke?
C Wer läuft schneller: der Pudel oder der Whippet?

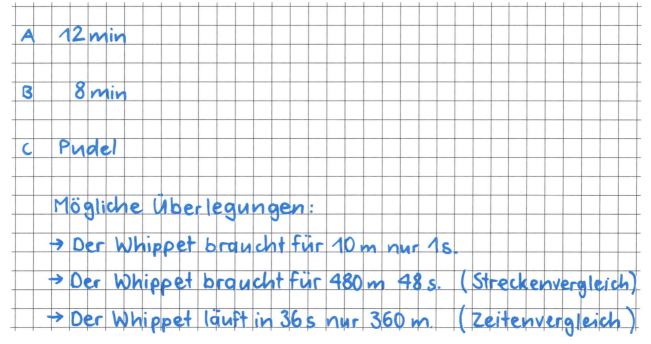

A   12 min

B   8 min

C   Pudel

Mögliche Überlegungen:
→ Der Whippet braucht für 10 m nur 1 s.
→ Der Whippet braucht für 480 m 48 s. (Streckenvergleich)
→ Der Whippet läuft in 36 s nur 360 m. (Zeitenvergleich)

Grundfertigkeiten Geometrie

1 Setze das Ornament nach links, nach rechts und nach unten fort.

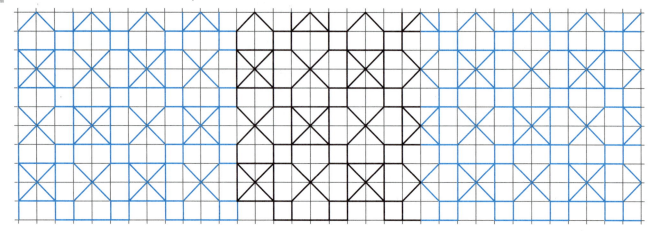

2 Zeichne die gleiche Figur mit Zirkel und Geodreieck.

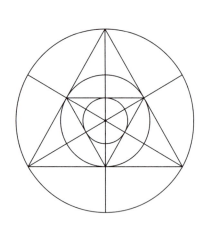

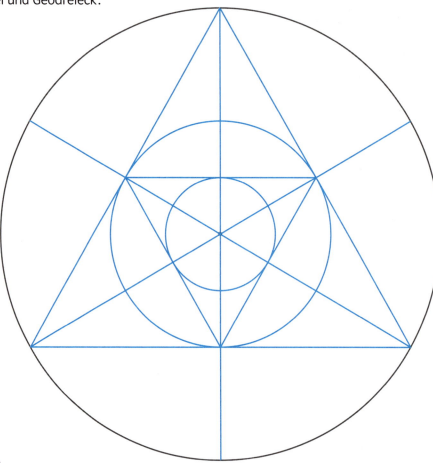

3 Wie sehen die vier Ansichten aus?

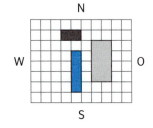

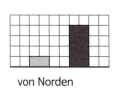

von Norden

von Osten

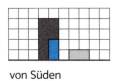

von Süden

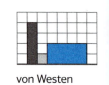

von Westen

Grundvorstellungen Brüche

1 Welche Bruchteile sind grün?

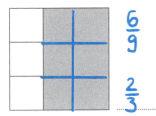 $\frac{6}{9}$ $\frac{2}{3}$

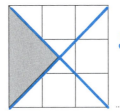 $\frac{9}{36}$ $\frac{1}{4}$

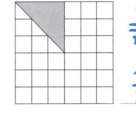 $\frac{9}{72}$ $\frac{1}{8}$

2 Stelle den angegebenen Bruch in diesen Modellen dar.

 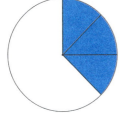 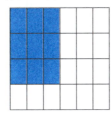 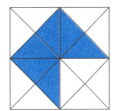 

z.B.

3 Zeichne ein Ganzes.

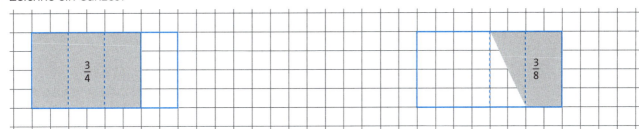

4 Bruchteile von 100.

$\frac{1}{2}$ von 100 = 50 $\frac{3}{4}$ von 100 = 75 $\frac{1}{50}$ von 100 = 2
$\frac{13}{100}$ von 100 = 13 $\frac{3}{20}$ von 100 = 15 $\frac{4}{5}$ von 100 = 80
$\frac{1}{5}$ von 100 = 20 $\frac{7}{10}$ von 100 = 70 $\frac{1}{25}$ von 100 = 4

5 Bruchteile von 1000.

$\frac{1}{8}$ von 1000 = 125 $\frac{1}{10}$ von 1000 = 100 $\frac{5}{8}$ von 1000 = 625
$\frac{3}{4}$ von 1000 = 750 $\frac{1}{4}$ von 1000 = 250 $\frac{2}{5}$ von 1000 = 400
$\frac{3}{8}$ von 1000 = 375 $\frac{1}{20}$ von 1000 = 50 $\frac{5}{100}$ von 1000 = 50

6 Bruchteile von 60.

$\frac{1}{3}$ von 60 = 20 $\frac{1}{12}$ von 60 = 5 $\frac{5}{6}$ von 60 = 50
$\frac{1}{5}$ von 60 = 12 $\frac{1}{10}$ von 60 = 6 $\frac{1}{6}$ von 60 = 10
$\frac{1}{15}$ von 60 = 4 $\frac{3}{4}$ von 60 = 45 $\frac{2}{3}$ von 60 = 40

Grundwissen Grössen

1

A Runde auf 10 Fr. genau.

2972 Fr. ≈ **2 970 Fr.**

2555 Fr. ≈ **2 560 Fr.**

B Runde auf 100 m genau.

950 m ≈ **1000 m**

274 m ≈ **300 m**

C Runde auf 10 l genau.

999 l ≈ **1000 l**

45 l ≈ **50 l**

2 Grössen umrechnen.

A
- 950 g = **0,950** kg
- 12 cm = **120** mm
- 8 min = **480** s
- 1,5 l = **15** dl
- 2,005 km = **2 005** m

B
- 5 h = **300** min
- 3,5 kg = **3 500** g
- 1,7 t = **1 700** kg
- 3,1 km = **3 100** m
- 1 l = **10** dl

C
- 650 g = **0,650** kg
- 3,1 m = **310** cm
- 0,07 km = **70** m
- 10 t = **10 000** kg
- 5,6 cl = **56** ml

D
- 0,3 m = **300** mm
- 7 dl = **70** cl
- 1,7 t = **1 700** kg
- 3 m = **300** cm
- 850 g = **0,850** kg

E
- 20 km 200 m = **20,2** km
- 7 kg 50 g = **7 050** g
- 5 m 3 cm = **5,03** m
- 4 h 30 min = **4,5** h
- 4 l 3 dl = **4,3** l

F
- 5 cm 3 mm = **53** mm
- 3 kg 20 g = **3 020** g
- 4 min 5 s = **245** s
- 1 t 80 kg = **1 080** kg
- 1 l 3 dl = **13** dl

3 Grundwissen über Grössen. Wähle aus, was am besten passt.

Durchmesser eines Suppentellers	**(20 cm)**	2 m	**(200 mm)**	200 dm
Gewicht eines Personenwagens	100 kg	**(1 t)**	10 t	10 000 g
Zeit, um Badewanne zu füllen	**(5 min)**	50 s	0,5 h	50 min
Gewicht des Zahlenbuchs	**(800 g)**	8 kg	0,800 t	80 g
Länge eines Marienkäfers	40 cm	**(4 mm)**	0,04 m	0,4 dm
Gewicht einer Zahnbürste	0,5 g	5 g	**(50 g)**	0,5 kg

4 Wie viele Minuten? Wie viele Stunden und Minuten? Ergänze die Tabelle.

315 min	160 min	405 min	768 min	**195 min**	**80 min**	**135 min**	**230 min**
5 h 15 min	**2 h 40 min**	**6 h 45 min**	**12 h 48 min**	3 h 15 min	1 h 20 min	2 h 15 min	3 h 50 min

5 Ordne der Grösse nach. Beginne mit dem kleinsten Wert.

1,230 km ④   1,320 km ⑥   1,032 km ②   1,023 km ①   1,302 km ⑤   1,203 km ③

1,023 km, 1,032 km, 1,203 km, 1,230 km, 1,302 km, 1,320 km

6 Schreibe mit Komma.

3 kg 500 g = **3,500** kg	70 kg 20 g = **70,020** kg	4 kg 55 g = **4,055** kg
1 kg 9 g = **1,009** kg	9 kg 25 g = **9,025** kg	2 kg 555 g = **2,555** kg

7 Schreibe in km und m und mit Komma.

2 468 m = **2** km **468** m = **2,468** km   680 m = **0** km **680** m = **0,680** km

45 m = **0** km **45** m = **0,045** km   8 m = **0** km **8** m = **0,008** km

8 Addiere und subtrahiere.

A 39,998 kg + 3,003 kg = **43,001** kg   B 9,28 m − 8,38 m = **0,90** m

   39,998 kg + 3,030 kg = **43,028** kg   9,27 m − 7,29 m = **1,98** m

   39,998 kg + 3,333 kg = **43,331** kg   9,26 m − 3,26 m = **6,00** m

9 Multipliziere und dividiere.

A 1,230 km · 8 = **9,840** km   B 3,112 t : 8 = **0,389** t

   3,05 m · 9 = **27,45** m   14,52 cm : 6 = **2,42** cm

   14,3 g · 4 = **57,2** g   34,02 l : 7 = **4,86** l

10 A Schreibe ohne Bruch.   B Schreibe als Bruch.   C Schreibe mit Komma.

A			B			C		
$\frac{3}{4}$ km = **750** m			25 cm = **$\frac{1}{4}$** m			5 m = **0,005** km		
$\frac{1}{2}$ kg = **500** g			50 cl = **$\frac{1}{2}$** l			7 cm = **0,07** m		
$\frac{7}{10}$ m = **70** cm			750 kg = **$\frac{3}{4}$** t			70 kg = **0,07** t		
$\frac{1}{100}$ m = **1** cm			70 m = **$\frac{7}{100}$** km			10 g = **0,01** kg		
$\frac{1}{4}$ l = **25** cl			200 m = **$\frac{1}{5}$** km			330 g = **0,330** kg		
$\frac{1}{5}$ m = **20** cm			20 cm = **$\frac{1}{5}$** m			2 dl = **0,2** l		
$\frac{1}{100}$ t = **10** kg			250 g = **$\frac{1}{4}$** kg			5 cl = **0,05** l		
$\frac{1}{100}$ kg = **10** g			7 cm = **$\frac{7}{100}$** m			5 ml = **0,5** cl		

Bildnachweis

US	Starfish in coral: Tobias Bernhard/Zefa/Corbis/Specter
S. 26	Georg Pick: www-history.mcs.st-andrews.ac.uk (Januar 2009)
S. 27	Streckennetz Appenzeller Bahnen, Fahrplan Teufen–Speicher–Speicherschwendi: Appenzeller Bahnen, Herisau
S. 28	Insekten, aus: Kosmos-Lexikon der Naturwissenschaften, Kosmos Verlag, Stuttgart
S. 29	Diagramme: Quelle: MeteoSchweiz
S. 32	Avro RJ 100: © Swiss International Air Lines AG
S. 34	Streckennetz: Kanton Luzern, Verkehr und Infrastruktur (vif), Abteilung öffentlicher Verkehr, 6010 Kriens
S. 60	Überseefrachtschiff: Heinz Amstad, Zug
S. 61	MS Christoph Merian: Basler Personenschifffahrt, Basel – Swiss Crystal: Scylla Tours AG, Basel – Deutschland: Peter Deilmann Reederei GmbH & Co. KG, Neustadt in Holstein (D)
S. 82	Schwimmerin: KEYSTONE/Patrick B. Krämer
S. 90	Fahrplan St. Gallen–Zürich Flughafen/Zürich Flughafen–St. Gallen: © SBB 2009

Der Verlag hat sich bemüht, alle Rechteinhaber zu eruieren. Sollten allfällige Urheberrechte geltend gemacht werden, so wird gebeten, mit dem Verlag Kontakt aufzunehmen.

Schweizer Zahlenbuch 5 – Arbeitsheft mit Lösungen
Entwickelt in der Schweiz

Autorenteam
Walter Affolter, Heinz Amstad, Monika Doebeli, Gregor Wieland

Projektleitung und Redaktion
Rachel Gratzfeld und Stephanie Tremp

Redaktionsassistenz
Silvia Isenschmid

Wissenschaftliche Illustrationen
Brigitte Gubler, Zürich

Technische Zeichnungen
Brigitte Gubler, Zürich

Fotografie
Stephanie Tremp, Zürich
(Weitere Fotos siehe Bildnachweis)

Gestaltung
Bernet & Schönenberger, Zürich

Korrektorat
Brigitte Frey, Kaiseraugst

Dank
In den Jahren 2001 bis 2006 haben Lehrerinnen und Lehrer aus fast allen Deutschschweizer Kantonen die sechs Bände des Zahlenbuchs systematisch evaluiert. Die Manuskriptfassungen des neu bearbeiteten Schweizer Zahlenbuchs 5 wurden begutachtet von Marcel Aebischer (FR), Esther Brunner (TG), Werner Jundt (BE), Rita Krummenacher (LU), Sandra Luginbühl (BE), Ernst Röthlisberger (BL), Margret Schmassmann (ZH). Autorin, Autoren und Verlag danken allen Beteiligten für die wertvollen Hinweise, die Evaluation und Begutachtung gegeben haben.

1. Auflage 2009
Alle Drucke dieser Auflage können im Unterricht nebeneinander verwendet werden.

© Klett und Balmer AG, Zug 2009

Alle Rechte vorbehalten. Nachdruck, Vervielfältigung jeder Art oder Verbreitung – auch auszugsweise – nur mit schriftlicher Bewilligung des Verlags.

Besuchen Sie uns im Internet:
www.zahlenbuch.ch, www.klett.ch

Oder kontaktieren Sie uns per E-Mail:
info@klett.ch, redaktion@klett.ch

ISBN 978-3-264-83753-7